药店零售与服务技术

主　编：苏碧玲　刘丽建

副主编：康艺珺　苏智阳　吕良图

编　委：张妹娜　陈培顺　董玉玲　林壹阳

房贤彬　王海莲　吴瑞珊　叶龙思

蓝玉樱　张淑梅

主　审：王安进　颜伟警

北京理工大学出版社

BEIJING INSTITUTE OF TECHNOLOGY PRESS

内容简介

本教材依据教育部《中等职业学校药剂专业教学标准（试行）》《中等职业学校市场营销专业教学标准》《医药商品购销员国家职业标准》，由校、研、企三方优秀人员组成的编写团队广泛开展行业企业调研后共同编写。本教材强调药店零售、服务与管理等实操技能的掌握，不仅适用于中等职业学校药剂、市场营销、药品经营与管理等专业的学生，也适用于已经参加工作但需要系统学习药店经营管理的药店从业人员。

图书在版编目（CIP）数据

药店零售与服务技术 / 苏碧玲, 刘丽建主编. -- 北京 : 北京理工大学出版社, 2024.4

ISBN 978-7-5763-3960-4

Ⅰ. ①药… Ⅱ. ①苏… ②刘… Ⅲ. ①药品—专业商店—零售—商业服务—中等专业学校—教材 Ⅳ. ①F717.5

中国国家版本馆CIP数据核字（2024）第093863号

责任编辑：王梦春　　**文案编辑**：邓　洁
责任校对：刘亚男　　**责任印制**：施胜娟

出版发行 / 北京理工大学出版社有限责任公司
社　址 / 北京市丰台区四合庄路6号
邮　编 / 100070
电　话 / （010）68914026（教材售后服务热线）
（010）63726648（课件资源服务热线）
网　址 / http：//www.bitpress.com.cn

版 印 次 / 2024年4月第1版第1次印刷
印　刷 / 定州市新华印刷有限公司
开　本 / 889 mm × 1194 mm　1/16
印　张 / 12.5
字　数 / 240千字
定　价 / 40.00元

前　言

习近平总书记在全国教育大会讲话中指出，教育是强国建设、民族复兴之基。对于职业教育而言，“五金”之一的教材建设是决定职业教育质量的关键。本教材立足中职学校药学类、工商管理类专业需求，强调药店零售、服务与管理等实操技能的掌握，不仅适用于中等职业学校药剂、市场营销、药品经营与管理等专业的学生，也适用于已经参加工作但需要系统学习药店经营管理的药店从业人员。

本教材依据教育部《中等职业学校药剂专业教学标准（试行）》《中等职业学校市场营销专业教学标准》《医药商品购销员国家职业标准》，由校、研、企三方优秀人员组成的编写团队广泛开展行业企业调研后共同编写。本教材具有以下特点。

（1）强化课程思政建设。为深入贯彻习近平新时代中国特色社会主义思想和党的二十大精神，全面落实立德树人根本任务，本教材特设“素养园地”栏目，将医药市场典型案例、行业优秀模范等思政教学内容有机融入，引导学生成为爱党报国、敬业奉献、服务人民的医药工作者。

（2）基于先进课改理念。本教材基于“CBE”（Competency-Based Education，能力导向的教育）和以学生的学习为中心的“主导主体论”教育理念进行“任务引领型”的教材开发。根据职业能力和工作岗位划分，设置不同的模块和项目，采取实际工作任务导向，并在任务内按照“任务信息—任务准备—任务实施—任务检测”进行闭环设计，确保学生职业能力的形成，使教材充分体现职业性、适宜性、科学性和先进性。

（3）便于学生进行自学。在教材的主体内容上，采用二维码的方式，配有多元学习资源。在课前引入大量自学资源，课后设置测试习题和测评表格，积极引导学生主动进行“自主学习”，提高学习投入时间，体现“以学生的学习为中心”的教学理念，同时，提供微课、PPT 等各种教学资源，帮助作为教学“主导”地位的教师引导学生进行学习。

（4）校企共研新型教材。本书编写团队既有长期从事职业教育教学和承担企业培训的高级讲师、讲师、教育学博士（如厦门市教育科学研究院的刘丽建博士等），也有来自食品药品企业的质量负责人（如国药控股国大药房有限公司总部质量负责人董玉玲等）、培训主管以及行业 GSP 专家等人，校企双方共同合作完成编写。

（5）深度践行“课证融通”。本教材以医药商品购销员国家职业标准（中级）为蓝本，在任务实施过程中巧妙且无缝地融入证书考核标准，使教材兼具专业教学与职业资格培训的双重功能，为学生获取学历教育与职业资格认证开辟了便捷高效的路径，有效推动了专业学习与职业发展的紧密结合与协同进步。

本教材一共分为三个模块，由苏碧玲、刘丽建担任主编。编写分工为：模块一由苏碧玲、房贤彬、张妹娜、王海莲、吕良图、刘丽建、张淑梅编写；模块二由苏智阳、苏碧玲、张妹娜、刘丽建、康艺珺、叶龙思、蓝玉樱、董玉玲编写；模块三由康艺珺、苏碧玲、陈培顺、林壹阳、吴瑞珊、吕良图、苏智阳编写。

编者在编写过程中，引用了相关的教材内容和课程资源，参考了国内有关著作和论文，在此特向相关课程专家、文献作者等表示感谢。本教材收录的药品剂量和用法仅供临床用药参考，不具备法律效力，特此声明。

由于编者水平有限，书中难免有疏漏和不足之处，敬请读者和专家批评指正。

编　者

目录 CONTENTS

模块一　职业启蒙——药店基本知识 ······ 1

项目一　初识药店 ······ 2

任务一　药店认知 ······ 2
任务二　岗位认知 ······ 9
任务三　开办药店 ······ 15

模块二　能力进阶——药店经营与管理 ······ 27

项目二　药品质量管理 ······ 28

任务一　药品采购 ······ 28
任务二　药品验收 ······ 45
任务三　药品陈列 ······ 54
任务四　药品储存与养护 ······ 63

项目三　药品盘点与结算 ······ 77

任务一　药品盘点 ······ 77
任务二　收银结算 ······ 85

模块三 实践强化——药品零售与服务 …… 97

项目四 药品零售 …… 98

任务一 西方处方药的零售 …… 98
任务二 西方非处方药的零售 …… 112
任务三 中药饮片的零售 …… 138
任务四 贵细药材的零售 …… 146

项目五 药学服务 …… 162

任务一 顾客接待 …… 162
任务二 售后服务 …… 175
任务三 慢性病服务 …… 181

参考文献 …… 191

模块一

职业启蒙——药店基本知识

模块导入

当我们踏入街头巷尾的药店，看到那琳琅满目的药品和忙碌的工作人员，是否曾思考过这背后蕴含的丰富的知识和多元的职能体系？药店并不仅仅是一个简单的药品销售点，它是健康保障网络中的重要枢纽，是医药文化传播的基础阵地，更是连接医疗专业人员与公众需求的温馨桥梁。通过对本模块的系统学习，大家将逐步构建起对药店全面而深入的认识框架，为深入学习药品零售知识与技能奠定坚实而不可或缺的基础。

项目一 初识药店

项目概述

药店是人们获取药品的重要场所，不仅直接关系到人们的健康，也是医疗体系的重要组成部分。本项目旨在帮助学生初步了解零售药店的基础知识。

任务一围绕着药店的类型、相关政策法规，以及药店的发展历程展开；任务二围绕着药店岗位的职责和资质审核展开，旨在让学生明确药店中各岗位的角色和责任；任务三将探讨如何开办实体药店和网上药店，让学生了解药店的开办过程。

任务一 药店认知

任务信息

药店认知		
工作岗位	市场调查员	
情景描述	小明（化名）即将从某中职学校药剂专业毕业，他的父亲想资助他开办一家药店，让他提前调研零售药店行业，选择适合自己开办的药店类型	
学习目标	知识	1. 能说出零售药店的概念; 2. 能说出零售药店的类型
	能力	1. 能根据不同分类方法判断零售药店属于哪种类型; 2. 能概括某零售药店的类型与特点
	素养	1. 培养实事求是、客观严谨的工作态度; 2. 养成与时俱进、不断更新的学习能力; 3. 具有依法从业、遵纪守法的工作意识

续表

药店认知	
自学资源	请扫描二维码，进行线上学习 药品经营质量管理规范　PPT　拓展阅读

任务准备

一、认识药店

1. 零售药店的概念

零售药店是指将药品以零售的方式销售给消费者的药品经营企业，其中既有品类繁多的综合型药店，也有只销售乙类非处方药品的专柜。简单来说，药店就是销售药品的“特殊商店”。

2. 零售药店的发展史

《后汉书・费长房传》中有载：“市有老翁卖药，悬一壶于肆头，及市罢，辄跳入壶中。”这就是悬壶济世的故事，也是最早的医药广告。古人已经懂得利用“悬壶”来作为药品销售的手段，可以说是药品销售的雏形。

再到千年以前的宋朝，大名鼎鼎的改革家王安石批准创建了中医药史上第一家官办的药店——“太医局熟药所”（图 1-1），也叫“买药所”，这是中国零售药店的前身。

图 1-1　宋朝“太医局熟药所”

20 世纪末，我国广东省出现了首家药店连锁企业，由此，药店行业开始进入连锁时代。

随着零售药店的不断发展，在《“健康中国 2030”规划纲要》的指导下，商务部发布了《全国药品流通行业发展规划（2016—2020 年）》，明确提出了“十三五”期间药品流通行业的发展目标：“培育形成一批网络覆盖全国、集约化和信息化程度较高的大型药品流通企业。药品批发百强企业年销售额占药品批发市场总额的 90% 以上；药品零售百强企业年销售额占药品零售市场总额40%以上;药品零售连锁率达50%以上。”

经过多年的不断发展，我国药店数量迅速增加。有关资料显示，截至2022年上半年，全国药店总数近60万家，且连锁率接近60%，其中百强企业销售占比首超50%，百强企业直营门店总数达到10余万家。然而，药品零售行业两极分化趋势严重，综合竞争力十强企业的销售额占百强企业整体的近一半，且具有绝对优势的医药零售龙头企业尚未出现。为了抢占市场份额，各实力强劲的连锁企业仍在不断通过开店、并购、加盟等形式持续扩张，零售药店行业竞争依旧十分激烈。

相关研究报告显示，零售药店行业发展趋势呈现以下几个特点:

（1）数字服务能力升级：在相关政策扶植以及自身发展驱动下，实力强劲的企业纷纷布局升级战线，不断加强数字化建设，利用互联网、人工智能、大数据等高新技术挖掘新的业务增长点，为线上线下结合的闭环服务夯实根基。

（2）专业服务能力增强：专业的服务能力是不断吸纳客户、留住客户的源泉。一些代表性零售药店更加注重提升专业服务能力，发展和服务会员，会员成为门店谋求新的发展出路的“法宝”。

（3）承接处方能力提升：处方外流成为药店发展的重要趋势。2021年，各大零售药店积极提升处方承接能力，除了做好门店布局，还进一步紧抓特慢性病医保支付统筹资质带来的风口，创造更大的市场竞争优势。

可以说，零售药店行业的种种转变正是乘势而为，利用互联网、区块链、大数据等技术革新，不断实现发展的步步攀高。

二、认识药店的类型

由于市场和政策的不断更新，以及消费者需求的不断变化，我国零售药店的市场业态也在不断创新、更替，按照其经营品种可将零售药店主要分为三类:专业型、大健康型、生活便利型。

1. 专业型

专业型零售药店主要经营品类为处方药、非处方药等，有的还有诊所或有医师坐诊，能与周边医疗机构（社区诊所、医院）形成配合，承接其外流处方。比较有代表性的如DTP/DTC药房、药诊店、国医馆等。

2. 大健康型

大健康型零售药店主要经营品类除了常见药品外，还有中药饮片、滋补品、保健品、消毒产品、医疗器械等；也有药妆、功能性食品、营养品等。除了提供日常药品外，还注重中医养生保健、美容护理、康复理疗等大健康项目。比较有代表性的如养生馆、中药精品店、健康药房、中医项目 + 药店等。

3. 生活便利型

生活便利型零售药店经营品类既可以有医药产品，也可以仿效超市、便利店等零售形式，药品不是其主要品类，以方便生活服务为主，根据不同地点、人口等实际情况因地制宜地调整药品品类结构。比较有代表性的如店中店、店中柜、超市药店、药妆店等。

此外，零售药店按照不同角度、不同维度去分析，也有不同的分类，具体如表 1–1 所示。

表 1–1　药店类型

分类依据	类型
产权结构	国有、民营、中外合资、上市公司等
经营范围	中药店、西药店、综合药店、专科药店等
经营规模	单体药店、连锁药店等
经营地址	商圈店、社区店、院边店（医院旁边）等
经营模式	直营店、加盟店等
医疗保障	医保店、非医保店等

三、药店经营的法律法规

医药药品的销售区别于其他药品的销售，是需要严格按照药事法律法规来运营管理的，主要的法律法规有以下几种：

（1）药品法律法规。包括：《中华人民共和国药品管理法》《中华人民共和国药品管理法实施条例》《药品经营和使用质量监督管理办法》《药品经营质量管理规范》《药品经营质量管理规范现场检查指导原则》《药品进口管理办法》《进口药材管理办法》《药品网络销售监督管理办法》《药品广告审查办法》《中华人民共和国广告法》《处方药与非处方药分类管理办法（试行）》《非处方药专有标识管理规定（暂行）》《生物制品批签发管理办法》《药品说明书和标签管理规定》《药品召回管理办法（2022 年修订）》《执业药师注册管理暂行办法》等。

（2）医疗器械法律法规。包括：《医疗器械监督管理条例》《医疗器械经营监督管理办法》《医疗器械网络销售监督管理办法》《医疗器械经营质量管理规范现场检查指导原则》。

（3）食品、化妆品、消毒产品法律法规。包括《中华人民共和国食品安全法》《食品经营许可管理办法》《化妆品监督管理条例》《消毒产品标签说明书管理规范》。

此外，企业经营还涉及劳动关系、财务金融、税收审计、消费者服务等方面的法律法规。

任务实施

1. 利用网络搜集或实地调查零售药店，请总结零售药店有哪些类型。

____

____

2. 利用网络及其他渠道搜集药店经营需遵循的法律法规，绘制一张药店经营方面的法规地图（思维导图），内容包括药品经营、医疗器械、进口药品（材）、药品网络销售、药品广告、特殊药品等方面。

3. 利用网络搜集及实地调查零售药店，请你谈谈未来零售药店的发展趋势。

____

____

任务检测

以 2 ~ 4 名学生为一组，实地调查或网上调研一家药品零售企业，将调研结果填于表 1-2，并完成小组汇报。实践检测评价如表 1-3 所示。

表 1-2　药品零售企业调查表

基本信息	姓名	学号	班级
	角色		□店长 / 企业负责人
企业名称			
序号	项目	内容（可多选）	
1	产权结构	□ 国有控股　□ 上市公司　□ 中外合资　□ 民营 □ 其他：________	
2	经营模式与规模	□ 直营 + 加盟　□ 直营　□ 加盟　□ 单体　□ 连锁 □ 其他：________	
3	门店数量（含加盟）	□10 000 以上　□8 000 ～ 10 000　□5 000 ～ 8 000 □2 000 ～ 5 000　□ 其他：________	
4	门店分布的主要省市		
5	目前药店类型	□ 专科药房　□ 药诊店　□DTP/DTC 药房　□ 国医馆 □ 健康城 □ 健康药房　□ 养生馆　□ 中药精品店 □ 中医项目 + 药店 □ 直销 + 会销 + 药店　□ 店中店 □ 店中柜　□ 超市药店　□ 药妆店 □ 网上药店 □O2O 药店　□ 自动售药机（房） □ 其他：________	
该企业旗下某药店名称（若为单体店则同上）			
1	该店地址		
2	药店类型	□ 专科药房　□ 药诊店　□DTP/DTC 药房　□ 国医馆 □ 健康城 □ 健康药房　□ 养生馆　□ 中药精品店 □ 中医项目 + 药店 □ 直销 + 会销 + 药店　□ 店中店 □ 店中柜　□ 超市药店　□ 药妆店 □ 网上药店 □O2O 药店　□ 自动售药机（房） □ 其他：________	
3	业态类型	□ 专业型　□ 大健康型　□ 生活便利型	
4	按经营地址	□ 商圈店　□ 社区店　□ 院边店	
5	该店近半年是否有违纪违规行为	□ 否　□ 是，事由：________________	
6	上述违规信息来源		

续表

基本信息	姓名	学号	班级
	角色		□店长 / 企业负责人
调查结论	谈谈你对该药品零售企业的看法:		

表 1-3 实践检测评价表

基本信息	班级	姓名	学号			
	小组		组长			
序号	考核项目	评分标准	分值	自我评价	组内评价	教师评价
1	仪容仪表	着装干净整洁，语言文明有礼，仪态端庄大方，举止自然得体，精神面貌良好	10			
2	团队合作	分工明确，有条不紊，有效沟通，无矛盾，不争执	10			
3	信息填写	企业名称准确无误、完整，无缺漏、缩写、更改	10			
4	信息查询	产权结构调查详细，填写无误，信息真实，无弄虚作假	10			
		经营模式与规模调查详细，填写无误，信息真实，无弄虚作假	5			
		门店数量（含加盟）调查详细，填写无误，信息真实，无弄虚作假	5			
		门店分布的主要省市调查详细，填写无误，信息真实，无弄虚作假	5			
		拥有的业态形式调查详细，填写无误，信息真实，无弄虚作假	5			
5	药店调查	企业名称准确无误、完整，无缺漏、缩写、更改	10			
		经营地址内容真实，填写详细	10			
		业态形式调查详细，填写无误	10			
		药店类型判断准确，填写无误	10			
总分			100			
综合评分（自我评价 20%，组内评价 20%，教师评价 60%）						

任务二　岗位认知

任务信息

<table>
<tr><th colspan="3">岗位认知</th></tr>
<tr><td>工作岗位</td><td colspan="2">店长 / 企业负责人 / 质量负责人</td></tr>
<tr><td>情景描述</td><td colspan="2">李店长刚刚上任，同时，店里来了三名新员工。其中，小丽是药学专业本科毕业并持有执业中药师证；小康是中药专业大专毕业，无证书；小明是药剂专业中专毕业，持有中药调剂员证书。店里的“药品经营许可证”即将到期，面临着换证的现场验收检查，李店长需要对三名新员工进行 GSP 岗位安排，并进行岗位职责培训。该店是一家经营中药饮片（含配方）的零售药店，刚好空缺“处方审核员”“验收员”“中药调剂员”三个岗位，你能帮李店长安排并培训好这三名新员工，使该店顺利通过现场验收检查吗？</td></tr>
<tr><td rowspan="3">学习目标</td><td>知识</td><td>1. 能清楚零售药店 GSP 岗位设置；
2. 能清楚零售药店 GSP 岗位的任职资格；
3. 能说出零售药店 GSP 岗位的工作职责</td></tr>
<tr><td>能力</td><td>1. 能说出零售药店有哪些 GSP 岗位并能绘制组织架构图；
2. 能简单叙述各 GSP 岗位的工作职责；
3. 能初步根据工作人员的不同情况来安排工作岗位并能审核资质</td></tr>
<tr><td>素养</td><td>1. 培养依法从业、爱岗敬业的价值观念；
2. 养成严格谨慎、规范操作的工作习惯</td></tr>
<tr><td>自学资源</td><td colspan="2">药品经营质量管理规范　PPT　拓展阅读　仪容仪表要求　药店店员岗位职责</td></tr>
</table>

任务准备

一、GSP 岗位设置

零售药店的岗位除了依据各企业实际经营需要而设置以外，通常应遵循《中华人民共和国药品管理法》《药品经营和使用质量监督管理办法》《药品经营质量管理规范》等有关要求，设置必要的工作岗位，保证药品在购进、入库、储存、销售等各环节的质量安全，具体如图 1–2 所示。

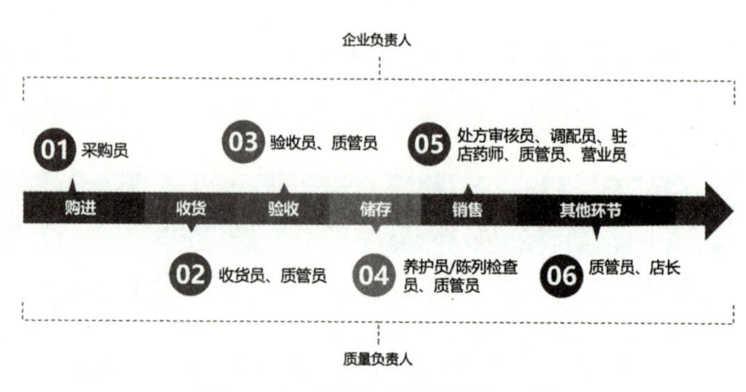

图 1–2 零售药店岗位设置

按照药店 GSP（Good Supply Practice，药品经营质量管理规范）管理要求，零售药店通常设有以下 GSP 岗位：企业法定代表人、主要负责人、店长、质量负责人、质量管理员、验收员、处方审核员、驻店药师、收货员、营业员、调配员、采购员、养护员、中药调剂员等。药店各岗位关系如图 1–3 所示。

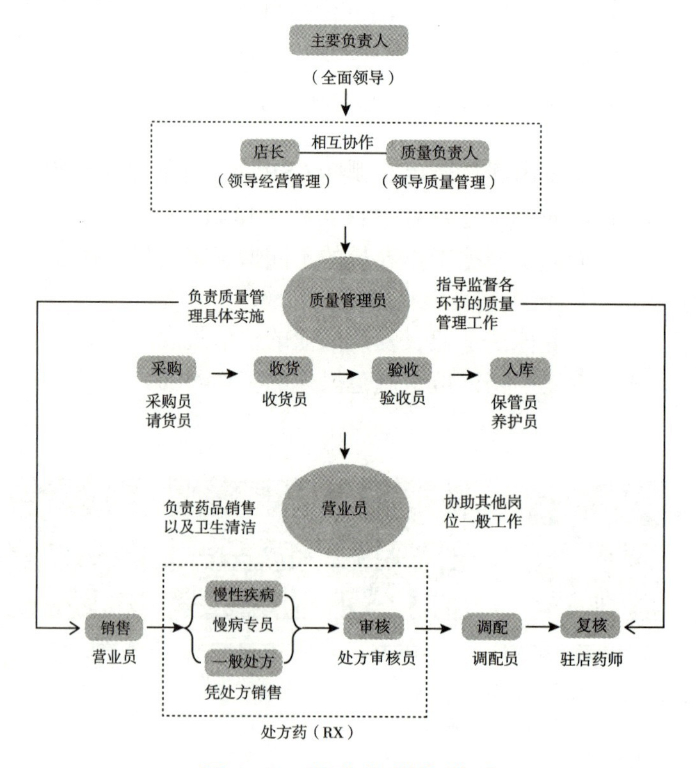

图 1–3 药店各岗位关系

二、零售药店岗位任职资格

零售药店岗位任职资格如表 1-4 所示。

表 1-4 零售药店岗位任职资格

岗位	任职资格
企业负责人	熟悉药品管理法规、经营业务和所经营药品的知识；企业法定代表人或者企业负责人应当具有执业药师资格证
质量管理员	具有药学或者医学、生物、化学等相关专业学历或者具有药学专业技术职称；熟悉法律法规，懂药品经营管理知识，具有药学技术、药学知识和良好的职业道德等综合知识水平；具有职业责任感，能坚持原则，质量管理岗位职责不得由其他岗位人员代为履行
验收员	具有药学或者医学、生物、化学等相关专业学历或者具有药学专业技术职称；从事中药饮片质量管理、验收、采购的人员应当具有中药学中专以上学历或者具有中药学专业初级以上专业技术职称。熟悉药品知识、有关法规、验收标准，明确药品验收程序及相关问题的处理方法
处方审核员	具有执业药师或执业中药师的执业资格，并取得“执业药师注册证”；处方审核岗位的职责不得由其他岗位人员代为履行
驻店药师	具有药师 / 中药师的专业技术职称；驻店药师岗位的职责不得由其他岗位人员代为履行
营业员	具有高中以上文化程度或者符合省级药品监督管理部门规定的条件
养护员	具有药学或者医学、生物、化学等相关专业中专以上学历或者具有药学初级以上专业技术职称；有质量管理经验，对药品养护过程中发现的问题能及时做出正确的判断和处理
采购员	具有药学或医学、生物、化学等相关专业学历或者具有药学专业技术职称；中药饮片采购员应具有中药学中专以上学历，或者具有中药学专业初级以上专业技术职称
中药调剂员	具有中药学中专以上学历或者具备中药调剂员资格；熟悉中药处方阅读和中药调剂操作，熟悉常见中药的外观性状

备注：在满足以上任职资格的条件下，从业人员还不得存在法律法规禁止从业的情形。

任务实施

1. 图 1-4 是本节任务信息中李店长店内的组织架构，因面临检查需要上报质量管理方面的组织架构，由于保管不善，刚好这部分架构图丢失了，已知该药店经营处方药、中药饮片（含配方）、冷链药品，请你参阅相关信息将虚线框内丢失的部分补充、设计完整。

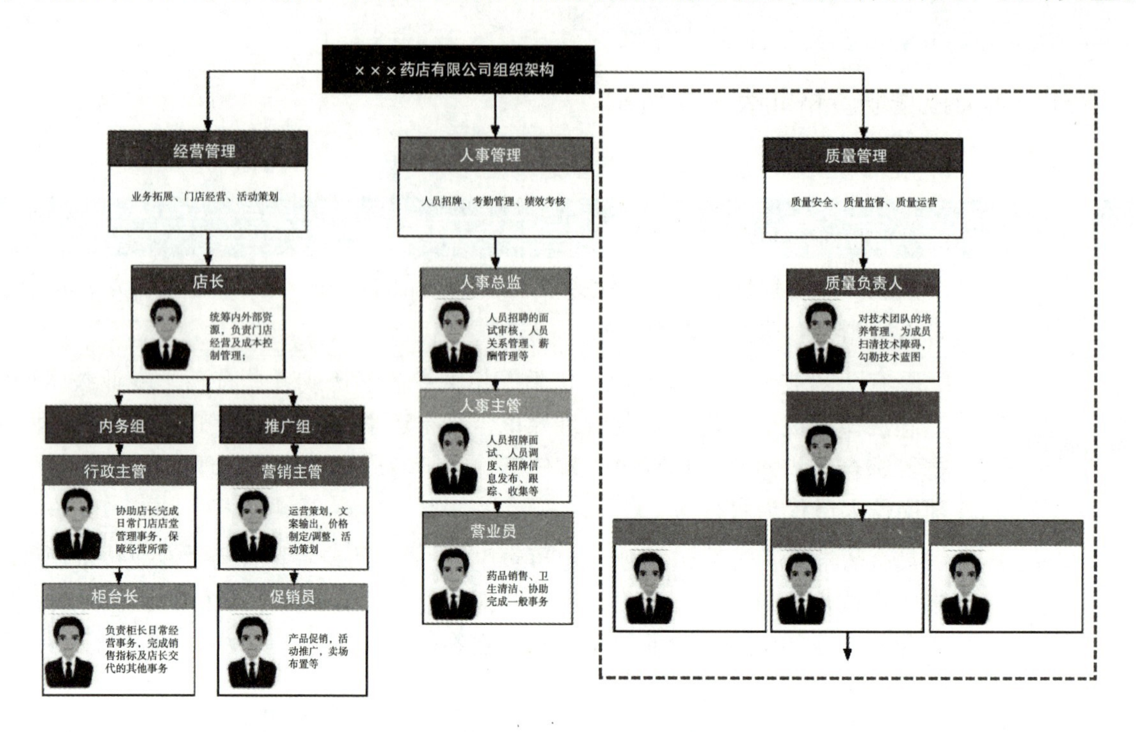

图 1–4 组织架构

2. 查阅参考信息，请你帮助本节任务信息中的李店长，为小丽、小康、小明三名新员工安排岗位，完成表 1–5×× 药店企业全体员工信息一览表（花名册），并说明理由。

表 1–5 ×× 药店企业全体员工信息一览表

填报时间：×××× 年 ×× 月 ×× 日

姓名	岗位	学历	所学专业	身份证号	执业资格	技术职称	从业年限
李店长	企业负责人/店长/质量负责人/处方审核员/驻店药师/营业员/调配员/收货员	本科	中药学	—	执业中药师	无	12 年
小丽		本科	药学	—	执业药师	无	5 年
小康		大专	中药	—	无	无	2 年
小明		中专	药剂	—	中药调剂员	无	1 年
小丁	质管员/采购员/驻店药师/营业员/调配员/收货员	大专	中药	—	无	中药师	5 年
理由：							

3. 查阅参考信息，假设你是本节任务信息中的李店长，你在安排完人员岗位后，对店内各人员岗位资料进行整理与审核，最终汇总的结果如表 1-6 所示，其中“√”表示正确、完整，“—”表示合理缺项，“○”表示未完成或待补充，“×”表示没有或丢失。请你根据汇总的结果，对已经安排的人员岗位进行资质审核，得出审核结论，说明理由，并提出整改意见。

表 1-6　× × 药店岗位任职资格材料审核表

姓名	李店长	小丽	小康	小明	小丁	备注
身份证	√	√	√	√	√	
毕业证	√	√	√	√	√	
职称证	—	—	—	—	×	
资格证	√	√	—	√	—	
执业药师注册证	√	○	—	—	—	
健康证 / 健康检查	√	√	○	○	√	
岗前培训	√	√	√	○	√	
继续培训	√	√	√	○	√	
个人简历	√	√	√	√	√	
审核结论						
理由						
整改意见						

任务检测

情景一：李店长的药店由于中药饮片长期销售不佳，许多斗柜里的中药都发霉变质了，所以他决心把中药斗柜撤了，不再卖中药饮片。请根据本节所学知识结合表 1-5 × × 药店企业全体员工信息一览表，以 2 人为一组重新填报“× × 药店企业全体员工信息一览表”并绘制组织架构图，要求将人员姓名和岗位填进图内；同时根据教师提供的人员证件资料，其中一人扮演质量负责人进行资质审核。

情景二：假设李店长在整理自己的个人简历时发现原来自己并没有一年以上的质量管理工作经验，无法担任质量负责人，而丁员工的中药师证又找到了。请根据本节所学知识结合表 1-5 × × 药店企业全体员工信息一览表，以 2 人为一组重新填报“× × 药店企业全体员工信息一览表”并绘制组织架构图，要求将人员姓名和岗位填进图内；同时根据教师提供的人员证件资料，其中一人扮演质量负责人进行资质审核。

情景三：小明作为刚毕业没多久的职场新人，无法适应迎接检查前的繁重准备工作，于是决定离职，李店长因此需要重新调整人员岗位。请根据本节所学知识结合表 1–5 × × 药店企业全体员工信息一览表，以 2 人为一组重新填报“× × 药店企业全体员工信息一览表”并绘制组织架构图，要求将人员姓名和岗位填进图内；同时根据教师提供的人员证件资料，其中一人扮演质量负责人进行资质审核。

从上述的三个情景中，学生随机抽取一个进行角色扮演，教师结合岗位能力要求对其进行技能测试，实践检测评价表如表 1–7 所示。

表 1–7 实践检测评价表

<table>
<tr><td rowspan="2">基本信息</td><td>班级</td><td>姓名</td><td colspan="4">学号</td></tr>
<tr><td>小组</td><td></td><td colspan="4">组长</td></tr>
<tr><td>序号</td><td>考核项目</td><td>评分标准</td><td>分值</td><td>自我评价</td><td>组内评价</td><td>教师评价</td></tr>
<tr><td>1</td><td>仪容仪表</td><td>着装干净整洁，语言文明有礼，仪态端庄大方，举止自然得体，精神面貌良好</td><td>10</td><td></td><td></td><td></td></tr>
<tr><td>2</td><td>团队合作</td><td>分工明确，有条不紊，有效沟通，无矛盾，无争执</td><td>10</td><td></td><td></td><td></td></tr>
<tr><td rowspan="3">3</td><td rowspan="3">岗位设置</td><td>流程关系准确、合理、完整，错漏一个扣 1 分</td><td>10</td><td></td><td></td><td></td></tr>
<tr><td>岗位设置准确、合理、完整，错漏一个扣 1 分</td><td>10</td><td></td><td></td><td></td></tr>
<tr><td>职责描述准确、合理、完整，错漏一个扣 1 分</td><td>10</td><td></td><td></td><td></td></tr>
<tr><td rowspan="2">4</td><td rowspan="2">岗位安排</td><td>岗位安排准确、合理、完整，错漏一个扣 1 分</td><td>10</td><td></td><td></td><td></td></tr>
<tr><td>花名册人员基础信息填写准确、规范、完整，错漏一个扣 1 分</td><td>10</td><td></td><td></td><td></td></tr>
<tr><td rowspan="4">5</td><td rowspan="4">资格审核</td><td>人员资料核对准确、无误、完整、规范，错漏一个扣 1 分</td><td>10</td><td></td><td></td><td></td></tr>
<tr><td>审核结论正确、合理、完整、规范，错漏一个扣 1 分</td><td>5</td><td></td><td></td><td></td></tr>
<tr><td>评价理由正确、充分、完整、错漏一个扣 1 分</td><td>5</td><td></td><td></td><td></td></tr>
<tr><td>整改意见准确、清晰、完整、错漏一个扣 1 分</td><td>10</td><td></td><td></td><td></td></tr>
<tr><td colspan="3">总分</td><td>100</td><td></td><td></td><td></td></tr>
<tr><td colspan="3">综合评分（自我评价 20%，组内评价 20%，教师评价 60%）</td><td colspan="4"></td></tr>
</table>

任务三 开办药店

任务信息

<table>
<tr><th colspan="3">开办药店</th></tr>
<tr><td>工作岗位</td><td colspan="2">企业负责人 / 店长 / 质量负责人</td></tr>
<tr><td>情景描述</td><td colspan="2">小明马上就要中专毕业了，他最大的梦想就是开办一家实体药店，他满心欢喜地对伙伴们宣布要开药店。但他思来想去，发现自己对如何开办药店依然毫无头绪，不知如何着手</td></tr>
<tr><td rowspan="3">学习目标</td><td>知识</td><td>1. 能说出开办实体药店的基本条件及其基本步骤;
2. 能描述药店内环境布局的原则;
3. 能说出开办网上药店的类型及条件</td></tr>
<tr><td>能力</td><td>1. 能判断人员资质是否满足药店岗位要求;
2. 能判断药店营业场所是否满足筹建实体药店的条件;
3. 能按实际要求对药店内部进行合理布局;
4. 能判断网上药店的合法资质</td></tr>
<tr><td>素养</td><td>1. 具备科学严谨的学习态度;
2. 树立依法经营的从业意识;
3. 具有与时俱进的发展眼光</td></tr>
<tr><td>自学资源</td><td colspan="2">请扫描二维码，进行线上学习
PPT</td></tr>
</table>

任务准备

零售药店作为药品消费第二大终端，在人口老龄化、药店分级、处方外流等因素的影响下，有望在药品市场抢占越来越多的市场份额，开办零售药店成为火热的创业项目之一。药品属于特殊商品，关系着人们的生命安全。开办零售药店与开办其他零售企业不同，有着更为严格的申办程序和更高的人员、硬件设施等要求。

一、法律依据

2019 年修订的《中华人民共和国药品管理法》规定，从事药品经营活动应当具备以下条件：①有依法经过资格认定的药师或者其他药学技术人员；②有与所经营药品相适应的营业场所、设备、仓储设施和卫生环境；③有与所经营药品相适应的质量管理机构或者人员；④有保证药品质量的规章制度，并符合国务院药品监督管理部门依据本法制定的《药品经营质量管理规范》要求。

二、开办实体药店

（一）确定模式

目前，市场上开办的零售药店根据投资方式主要分为个人全资经营、合伙经营、加盟连锁经营三种模式（表 1–8），每种经营模式都有其优缺点，可根据经营者的工作经验和资金情况来选择。

表 1–8 药店经营模式

序号	模式	概述	优点	缺点
1	个人全资经营	一个自然人投资，全部资产为投资人所有的营利性经济组织	易于组织或停办；行动和控制自由；无须分配利润	筹集资金困难；无人分担风险；连续性差
2	合伙经营	由两个以上合伙人订立合伙协议，共同出资，合伙经营，共享收益，共担风险，并对合伙投资的企业债务承担无限连带责任的经营性组织	较容易获得商业机会并减少交易成本，风险可控；通常合伙人数较少，有利于合伙经营决策和合伙事务执行	利益分配不均；较难做大做强
3	加盟连锁经营	个别单一的药店自愿采用一家资质好、运营模式成熟的连锁药店品牌的经营方式及负担所有经营费用	统一模式，统一管理；降低创业风险，增加成功机会；集中进货，降低成本；可以减少广告宣传费用，达到良好的宣传效果	加盟店对总部的依赖性较大，其经营水平取决于总部提供的各项资源；总部发生错误时，加盟店也会受到牵连

（二）门店选址

在药品零售行业竞争日趋激烈的背景下，药店选址在日常经营中也有着举足轻重的地位，可采取“好处独享”“比肩共存”“鹤立鸡群”“搭顺风车”四种策略进行决策选址（表 1–9）。

表 1-9　门店选址策略

序号	策略	适用情形
1	“好处独享”策略	发现有某一目标消费群很集中的区域，但附近并无类似店铺，此时自己应该做“第一个吃螃蟹的人”，从而享有独家好处
2	“比肩共存”策略	将店铺置身于高档店铺群落之中，与高档同业比肩共存。注意运用此策略时，自己店铺的规模、装修档次、服务水准等，绝对不能低于同业，最好是略高于同行，否则会总处于竞争的被动地位
3	“鹤立鸡群”策略	开设的店铺处于比自己规模小的其他店铺群落之中时，将能获得良好的突出效果。此策略的运用讲究适度，如果周围其他店铺都过小而且档次太低，则又有可能拉低自己店铺的档次形象
4	“搭顺风车”策略	原则上店址不要过于靠近规模大过自己的药店，然而如果该药店只是规模大，但服务水准不高、产品过于廉价，表明同行其实并无市场竞争力，则店址可以充分靠近，从而有效夺取对手的客源

（三）药店布局

药店的布局直接影响到顾客的消费体验，科学合理的布局设计有利于促进药店的经营。

1. 法定依据

根据 GSP 要求，零售药店布局应遵循以下要求：

（1）根据储存条件设立三大区（即常温区、阴凉区、冷藏区）。

（2）药品区与非药品区分开。

（3）处方药区与非处方药区分开。

（4）营业区与生活区分开。

（5）处方药不得开架销售。

（6）中药饮片配方单独设立。

2. 分区设计

药店销售的药品涵盖非处方药、处方药、保健品和中药饮片等多个种类，想让店内有一个合理的布局设计，首先就要确定好这些不同类药品的分区，并且将主通道和副通道一并规划出来，让药店内部各个区域紧密相连，以增强销售的黏性。

中小型零售药店布局平面示意图如图 1-5 所示;大型零售药店布局平面示意图如图 1-6 所示。

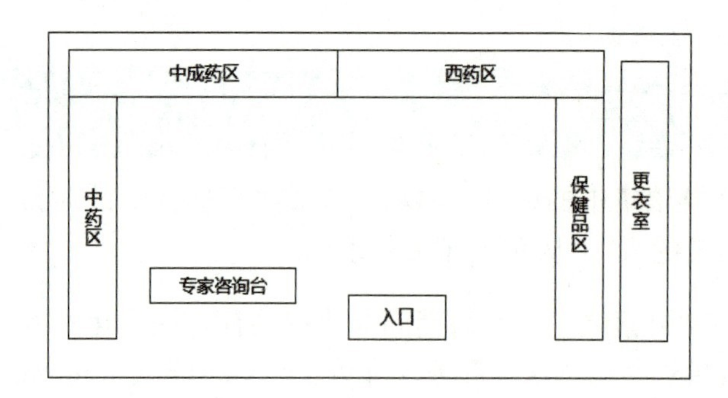

图 1-5 中小型零售药店布局平面示意图

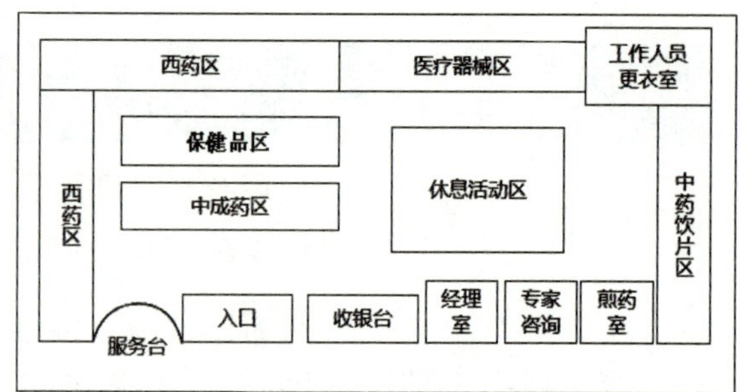

图 1-6 大型零售药店布局平面示意图

（四）制定文件

管理文件是指质量管理体系文件，在制定时应注意涉及药品经营的全过程，保障药品采购、流通、储存、销售等各个环节的质量安全，并且符合相关法律法规的管理要求，主要法律条款参考《药品经营质量管理规范》第一百三十三至第一百四十二条规定。

（五）设施配备

营业场所及库房设施配备如表 1-10 所示。

表 1-10 营业场所及库房设施配备

场所	应配备设备
营业场所	1. 货架和柜台。 2. 监测、调控温度的设备。 3. 经营中药饮片的，有存放饮片和处方调配的设备。 4. 经营冷藏药品的，有专用冷藏设备。 5. 经营第二类精神药品、毒性中药品种和罂粟壳的，有符合安全规定的专用存放设备。 6. 药品拆零销售所需的调配工具、包装用品
库房	1. 药品与地面之间有效隔离的设备。 2. 避光、通风、防潮、防虫、防鼠等设备。 3. 符合储存作业要求的照明设备。 4. 有效监测和调控温湿度的设备。 5. 验收专用场所。 6. 不合格药品专用存放场所。 7. 经营冷藏药品的，有与其经营品种及经营规模相适应的专用设备。 8. 符合国家有关规定的存放易燃、易爆等危险品种的专用区域或场所

（六）登记认证

药店筹备完毕后，需要向食品药品监督管理部门申请验收，进行许可现场检查。食品药品监督管理部门自收到受理申请之日起 30 个工作日内做出是否同意筹建的决定，并书面通知申办人。不同意筹建的，应当说明理由，并告知申办人享有依法申请行政复议或者提起行政诉讼的权利。受理申请的食品药品监督管理部门在收到验收申请之日起 15 个工作日内，依据开办药品零售企业验收实施标准组织验收，药店技术人员包括质量负责人、质管员、执业药师、养护员、验收员、中药调剂员等必须到场，熟练回答药品监督管理部门相关负责人的提问，准备好各种管理文件、证明文件和记录凭证等备查。通常验收没有通过时应当书面通知申办人并说明理由，同时，告知申办人享有依法申请行政复议或提起行政诉讼的权利。

开办药店所需的证件（图 1–7）主要有以下几种：

（1）营业执照。一般需要携带场地证明和负责人身份证到归属地的政务大厅办理。

（2）药品经营许可证。需要携带执业药师证、营业执照、法人和质量负责人履历、聘书、质量管理文件目录、场地证明和场地布局平面图、设施设备目录，到市场监督或药品监管部门窗口办理。

（3）食品经营许可证。需要携带营业执照、法定代表人或负责人身份证、从业人员健康证到市场监督或药品监管部门办理。

（4）执业药师注册证。需要携带执业药师本人身份证、执业药师证、健康证、继续教育学分证明、合法开业证明等材料到市场监督或药品监管部门办理。

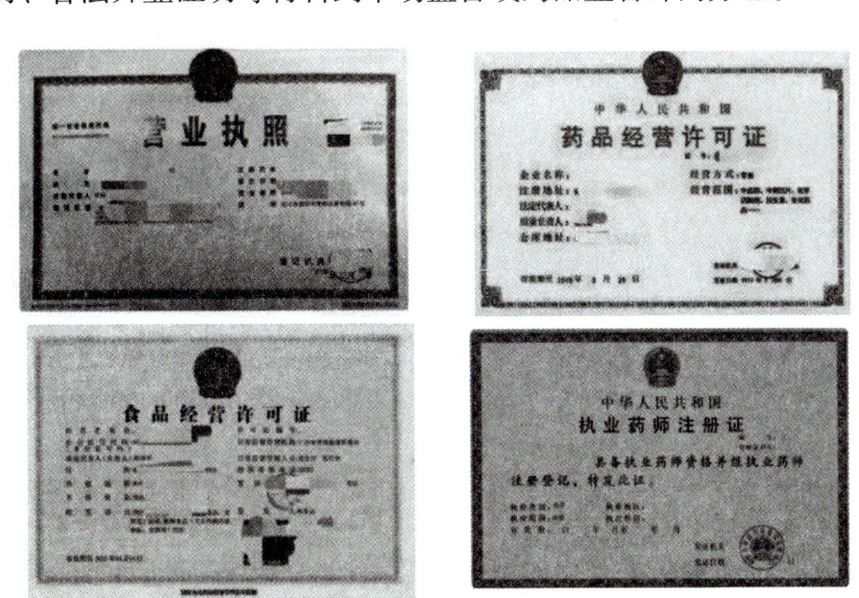

图 1–7　开办药店所需的证件

此外，根据经营范围，是否经营一类、二类、三类医疗器械，还需办理对应的医疗器械经营备案凭证、医疗器械经营许可证（图 1–8），有的地方政策不同，所需证件不同，手续繁简也不同。

图 1-8 医疗器械经营许可证

三、开办网络药店

随着信息科技的发展，电子商务已经渗透到我们生活的方方面面，在给我们的生活带来便利的同时，也改变了我们的生活方式，使我们对电子商务产生了依赖。药品作为特殊的药品，关系到大众的生命安全，因受到严格的管制而发展滞后。近年来，随着网络安全技术的发展和监管制度的不断完善，医药电子商务发展迅速，开办网上药店，既是满足现代生活方式的需求，也是传统药店转型的需要。那么开办网上药店需要具备哪些条件，应如何开办呢？

（一）执行标准

1.《互联网药品信息服务管理办法》

第十一条 申请提供互联网药品信息服务，除应当符合《互联网信息服务管理办法》规定的要求外，还应当具备下列条件：

（1）互联网药品信息服务的提供者应当为依法设立的企事业单位或者其他组织。

（2）具有与开展互联网药品信息服务活动相适应的专业人员、设施及相关制度。

（3）有两名以上熟悉药品、医疗器械管理法律法规和药品、医疗器械专业知识，或者依法经资格认定的药学、医疗器械技术人员。

2.《互联网药品交易服务审批暂行规定》

第九条 向个人消费者提供互联网药品交易服务的企业，应当具备以下条件：

（1）依法设立的药品连锁零售企业。

（2）提供互联网药品交易服务的网站已获得从事互联网药品信息服务的资格。

（3）具有健全的网络与交易安全保障措施以及完整的管理制度。

（4）具有完整保存交易记录的能力、设施和设备。

（5）具备网上咨询、网上查询、生成订单、电子合同等基本交易服务的功能。

（6）对网上交易的品种有完整的管理制度与措施。

（7）具有与网上交易的品种相适应的药品配送系统。

（8）具有执业药师负责网上实时咨询，并有保存完整咨询内容的设施、设备及相关管理制度。

（9）从事医疗器械交易服务，应当配备拥有医疗器械相关专业学历、熟悉医疗器械相关法规的专职专业人员。

（二）网上药店的类型

开办网上药店，根据申请类型的不同主要分为以下三类：

1. 自建类

即公司自己搭建网站，通过自己的网络平台进行药品交易活动。其开办条件为：

（1）拥有直营实体药店。

（2）取得“互联网药品信息服务资格证书”。

（3）拥有健全的场地、设施、技术方案。

（4）拥有完善的管理制度。

（5）拥有配套的物流配送服务。

（6）拥有符合资质的专业技术人员。

（7）拥有增值电信业务经营许可证（ICP）。

ICP是Internet Content Provider的缩写，即互联网信息服务业务经营许可证，是指利用公共网络基础设施提供的电信与信息服务的业务许可证。我国互联网信息服务分为经营性和非经营性两大类：对非经营性互联网信息服务实行备案制度，称为“ICP备案”；对经营性互联网信息服务实行许可证制度，称为“ICP许可证”；从事互联网服务业务必须取得此类证书。

2. 入驻类

即自己不搭建网站，而是将店铺开在其他电商平台进行药品交易活动，根据经营范围和经营方式的不同可分为以下几类：

（1）B2B（Business To Business）：商家对商家进行交易，是指企业与企业之间通过专用网络或Internet，进行数据信息的交换、传递，开展交易活动的商业模式。

（2）B2C（Business To Consumer）：商家对个人进行交易，是指商家直接面向消费者销售产品和服务的商业零售模式，通常采取快递的方式进行物流配送。

（3）O2O（Online To Offline）：线上对线下进行交易，是指通过线上消费线下体验，或者线下消费线上体验的方式进行交易活动的一种商业模式，通常采取即时配送的方式进行药品交易。

①入驻外卖交易平台的基本要求：需有实体门店；需要提供符合国家法律规定的经营许可证照；售卖药品在品类范围内，包括美食、甜品饮料、母婴用品、百货、水果生鲜、鲜花绿植、医药健康等。

②入驻外卖交易平台（以美团及饿了么为例）的具体流程如图 1–9 所示。

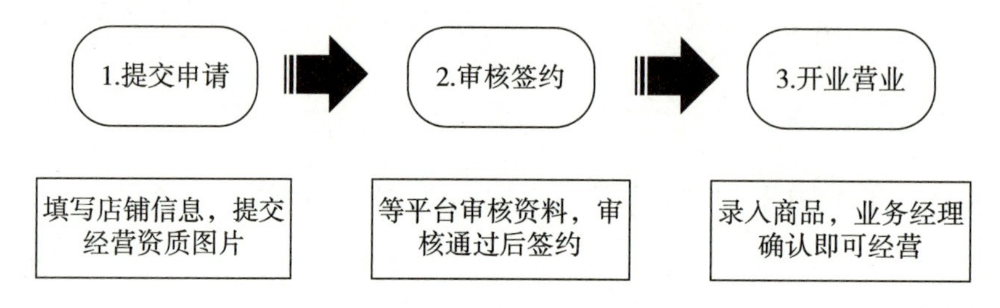

图 1–9 入驻外卖交易平台的具体流程

3. 第三方平台

即自己作为第三方平台，搭建网络平台为其他商家提供药品交易活动服务，而不直接参与药品销售。

任务实施

1. 任务信息中的小明经过一番咨询后终于对开办实体药店有了大体的思路。他担心自己忘记，于是草拟了开办实体药店的基本流程（图 1–10）。

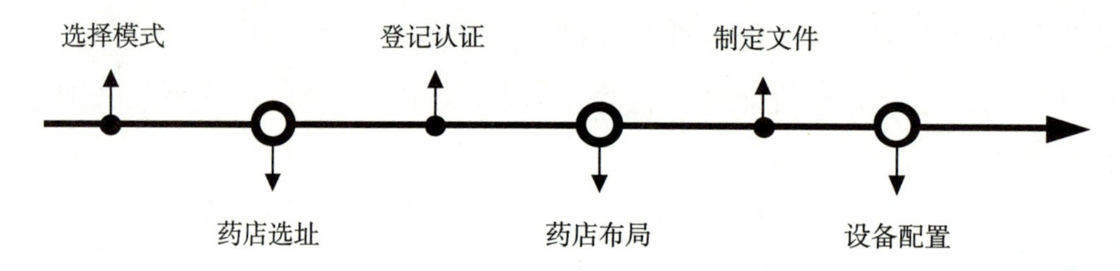

图 1–10 开办实体药店的基本流程

（1）查阅参考信息，请你分析小明草拟的流程是否正确。如有错误，请指出。

____

____

____

（2）小明计划开办的实体药店面积为 110 平方米，请你利用网络等渠道查阅资料，帮小明设计一个药店布局图。

2. 王叔叔的实体药店生意不理想。他常常看到隔壁药店一直有外卖骑手来取药，很是不解，咨询之后才知道，原来这家药店开办了网上药店。顾客只需在手机或者计算机上下单，外卖骑手即可根据订单送药到家，方便又快捷。他就想，自己能不能也开办网上药店来增加药品销量呢？

（1）查阅参考信息，请你帮王叔叔分析，他适合开通哪类网上药店，需要做什么准备？

____

____

（2）如果王叔叔想开办自建类网上药店，必须满足哪些条件？

____

____

任务检测

通过角色扮演的方式表现实体药店开办的流程，考查学生对开办实体药店基本流程的掌握情况。实践检测评价表如表 1-11 所示。

表 1-11 实践检测评价表

<table>
<tr><td rowspan="2">基本信息</td><td>班级</td><td>姓名</td><td colspan="4">学号</td></tr>
<tr><td>小组</td><td></td><td colspan="4">组长</td></tr>
<tr><td>序号</td><td>考核项目</td><td>评分标准</td><td>分值</td><td>自我评价</td><td>组内评价</td><td>教师评价</td></tr>
<tr><td>1</td><td>选择经营模式</td><td>是否提及三种经营模式及其优缺点</td><td>15</td><td></td><td></td><td></td></tr>
<tr><td>2</td><td>门店选址</td><td>是否考虑到有效客流、地理位置及成本核算三种因素</td><td>15</td><td></td><td></td><td></td></tr>
<tr><td>3</td><td>药店布局</td><td>是否符合基本原则，做好药店分区设计，考虑到通道设计宽度、出入口及动线设计</td><td>20</td><td></td><td></td><td></td></tr>
<tr><td>4</td><td>手续申请与办理</td><td>是否清楚相关部门完成验收决定的时间及相应证件照</td><td>20</td><td></td><td></td><td></td></tr>
<tr><td>5</td><td>制定管理文件</td><td>各质量管理体系文件是否涉及药品采购、流通、储存、销售等各个环节的质量安全</td><td>10</td><td></td><td></td><td></td></tr>
<tr><td>6</td><td>设备配置</td><td>设备是否齐全，包括营业设备、系统设备及储存设备</td><td>20</td><td></td><td></td><td></td></tr>
<tr><td colspan="3">总分</td><td>100</td><td></td><td></td><td></td></tr>
<tr><td colspan="3">综合评分（自我评价 20%，组内评价 20%，教师评价 60%）</td><td colspan="4"></td></tr>
</table>

项目小结

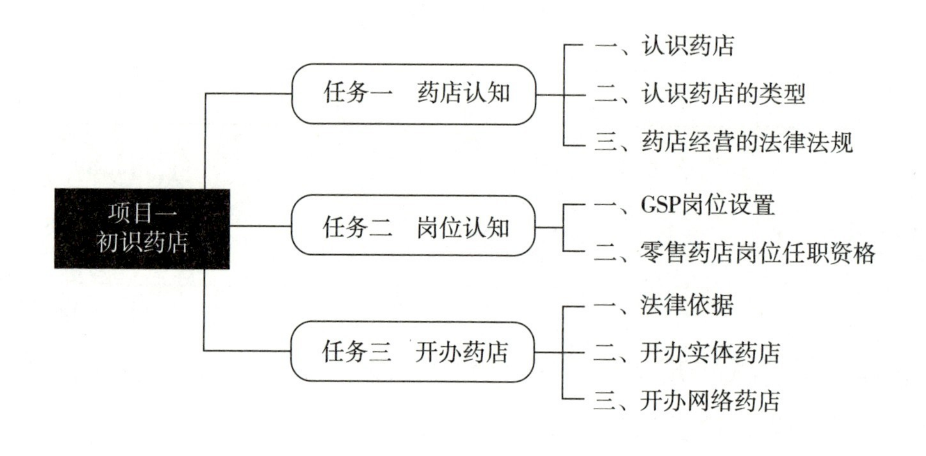

素养园地

（主题词：依法从业）

当今药店零售行业竞争激烈，资本巨头持续扩张，各大连锁药店即将陆续进入“万店时代”，中小连锁、单体药店数量也年年增长，但相应的经营资质、管理水平、人员素质等良莠不齐，为监管带来巨大挑战。目前，我国已启动实行药店分级分类管理，这有利于规范行业标准，减缓药店无序扩张，保障人们的用药安全。

在此背景下，药店的依法经营显得尤为重要。不仅需要遵守国家的法律法规，还需要严格遵守行业规范，以确保行业的健康发展。

首先，药店必须取得相应的经营资质。在申请开办药店时，必须按照相关法律法规的规定，具备相应的药品经营许可证、营业执照等资质。同时，药店的从业人员也需要具备相应的药品专业知识、技能和职业道德，并且需要经过相关的培训和考核，在取得相应的资格证书后方可上岗。

其次，药店必须遵守国家的价格政策，确保销售的药品价格合理、公正。在为药品定价时，要充分考虑成本、市场需求、竞争状况等因素，避免出现价格过高或者过低的情况。同时，要接受相关部门的监督和管理，确保价格的合理性和公正性。

再次，药店须遵守国家的药品管理法律法规，确保所销售的药品符合质量标准。在销售药品时，要向消费者提供正确的药品信息和用法用量，避免出现用药不当的情况。

最后，药店需要接受相关部门的监督和管理。相关部门将对药店的经营活动进行定期检查和评估，对存在的违规行为进行依法处理。同时，药店需要自觉接受社会监督，及时纠正和处理消费者的投诉和建议，树立良好的企业形象和信誉。

总之，依法经营是药店生存和发展的基础。只有遵守法律法规和国家政策，不断提高自身的经营和管理水平，才能赢得消费者的信任和支持，实现可持续发展。

作为一名未来的医药行业从业者，谈谈你对未来的药店发展有何畅想。

模块二

能力进阶——药店经营与管理

模块导入

成功度过药店初识阶段，我们即将进入能力进阶阶段，深入探索“药店经营与管理”这一关键领域。药店作为医药健康领域的重要窗口，其经营管理成效与民众用药安全、健康服务水准息息相关，更是在竞争浪潮中站稳脚跟的关键。通过本模块的系统学习，大家将逐步构建起药店经营管理中质量与财务两大关键领域的坚实知识架构与实操技能体系，为成为一名全面、专业且能应对各种复杂运营状况的药店经营管理者奠定坚实的基础。在保障民众健康用药的同时，推动药店实现可持续和稳健的发展。

2

项目二 药品质量管理

项目概述

药品质量管理是确保公众用药安全的关键环节。药品质量管理涉及药品从采购、验收、陈列到储存养护的全过程。熟悉药品质量管理的相关内容，是保障药品质量，确保患者用药安全的前提。

任务一围绕药品采购中的首营企业审核、首营品种审核以及合同签订等内容展开，确保药品的来源合法和质量可控；任务二围绕药品收货、药品验收以及不合格药品的验收处理等内容展开，确保进入流通领域的药品质量合格；任务三围绕药品陈列的相关知识、药品陈列规则等内容展开，避免因陈列不当出现用药风险；任务四围绕药品储存和日常养护的相关内容展开，保障药品在储存过程中的质量稳定。

任务一 药品采购

任务信息

药品采购	
工作岗位	采购员
情景描述	近期处于季节更替时期，同心大药房的感冒药品销量较好，感冒药品出现了脱销，现急需采购一批感冒药品。刚好店里来了一名新的感冒药品厂家的业务人员。如果你是药房的采购员，你该如何完成此次的采购任务呢

续表

药品采购		
学习目标	知识	1. 知道首营企业、首营品种的概念； 2. 清楚药品采购的基本要求； 3. 说出首营企业、首营品种所需的审核资料
	能力	1. 能填报首营企业、首营品种审批表； 2. 能根据进、销、存动态编制采购计划； 3. 能按照洽谈要求签订药品购销合同，并管理合同
	素养	1. 具有严守纪律、敬业爱岗的职业精神； 2. 具备较强的责任心和职业道德感； 3. 养成严格自律、精准守业的从业意识
证书标准	1. 能填报首营品种经营审批表； 2. 能签订采购合同； 3. 能根据进、销、存动态编制采购计划； 4. 能整理、分析、归档供应商资料及购进记录	
自学资源	请扫描二维码，进行线上学习 PPT　首营企业审核的流程　首营品种审核的流程	

任务准备

一、首营资料审核

（一）首营企业与首营品种的概念

首营企业是指采购药品时与本企业首次发生供需关系的药品生产企业或经营企业。首营品种是指本企业首次购进的药品，包括新产品、新规格、新剂型、新包装。

（二）首营审核

1. 首营企业审核

首营企业审核主要是审核首营企业的法定资格和质量保证能力，审查其相关资料的完整性、真实性和有效性。

（1）首营企业属于药品生产企业的，应向首营企业了解企业的规模、历史、生产状况、产品种类、质量信誉、质量部设置情况，以及企业是否通过GMP（药品生产质量管理规范）等质量管理体系认证等，并索取以下资料：

①药品生产许可证复印件。

②营业执照复印件。

③上一年度企业年度报告公示情况。

④相关印章、随货同行单（票）样式。

⑤开户户名、开户银行及账号。

⑥质量体系调查表。

（2）首营企业属于药品经营企业的，应向首营企业了解企业的规模、历史、经营状况、经营品种种类、质量信誉、质量部设置情况，并索取以下资料：

①药品经营许可证复印件。

②营业执照复印件。

③上一年度企业年度报告公示情况。

④相关印章、随货同行单（票）样式。

⑤开户户名、开户银行及账号。

⑥质量体系调查表。

（3）验明首营企业药品销售人员的合法身份，并索取以下资料：

①加盖供货单位公章原印章的销售人员身份证复印件。

②加盖供货单位公章原印章和法定代表人印章或者签名的授权书，授权书应当明确被授权人姓名、身份证号，以及授权销售的药品品种、地域、期限。

③供货单位及供货品种相关资料。

（4）与供货单位签订的质量保证协议，至少包括以下内容：

①明确双方质量责任。

②供货单位应当提供符合规定的资料，且对其真实性、有效性负责。

③供货单位应当按照国家规定开具发票。

④药品质量符合药品标准等有关要求。

⑤药品包装、标签、说明书符合有关规定。

⑥药品运输的质量保证及责任。

⑦质量保证协议的有效期限。

（5）经营特殊管理药品的首营企业，还必须审核其经营特殊管理药品的合法资格，索取加盖首营企业原印章的食品药品监督管理部门的批准文件。

（6）审核首营企业的证照是否超出有效证照所规定的生产（经营）范围和经营方式，

有效期限的证照是否在有效期内。

（7）采购部门填写的《首营企业审批表》。

若首营企业资料审核还不能确保其质量保证能力，质量部应会同药品购进部门详细了解企业职工素质、生产经营状况，必要时应组织人员进行实地考察，并重点考察其质量管理体系是否满足药品质量的要求等。

2. 首营品种审核

首营品种审核主要是审核首营品种的合法性、质量等基本情况，审核其相关资料的完整性、真实性和有效性。审核内容包括以下方面：

（1）索取药品生产批件及附件，包括药品质量标准和药品使用说明书的复印件。

（2）索取并审核首营品种的包装（最小包装）、标签和药品实样。

（3）索取加盖首营品种供货单位质量管理（检验）机构原印章的所购进批号药品的出厂检验合格报告书（“生物制品批签发合格证”）。

（4）进口药品除需提供药品的包装、标签、说明书实样等资料外，还需提供加盖首营品种供货单位原印章的以下资料复印件：

①进口药品注册证或医药产品注册证。

②进口检验报告书或已抽样的药品进口通关单。

（5）审核首营品种是否符合供货单位药品生产许可证规定的生产范围，严禁采购超过其生产范围的药品。

（6）了解首营品种的适应症或功能主治、储存条件，以及质量状况。

（7）采购部门填写的首营品种审批表。

对首营品种，业务部门要充分做好市场需求调查，了解药品及医疗发展趋势，收集用户评价意见，做好相关记录；质量部应定期分析药品质量的稳定性和可靠性。

（三）首营审核流程

1. 首营企业审核的流程

第一步：了解资质

药品采购员根据市场需要从首营企业购进药品时，应向首营企业了解公司规模、历史、生产经营等情况。

第二步：收集资料

采购员按规定将首营企业审核资料收集齐全，查验加盖公章的“药品生产许可证”或“药品经营许可证”复印件，营业执照及上一年度年检证明复印件；相关印章、随货同行单（票）样式；开户户名、开户银行及账号。

第三步：签订协议

确认材料真实有效后，双方签订质量保证协议书，采购员在计算机管理系统填写首营企业审批表，经采购负责人签署意见后，连同上述有关资料，报质量管理部进行质量审核。

第四步：审核审批

质量管理部从资料的完整性、合法性、真实性、一致性、有效性等方面进行审查。如需对供货单位的质量保证能力做进一步确认时，质量管理部会同采购部进行实地考察。资料审查合格后，在首营企业审批表上签署意见。由质量管理负责人和企业管理负责人进行最后审核把关，签署明确的意见。

第五步：建立档案

①采购部将审核合格的首营企业录入计算机管理系统，列入合格供应商列表，形成电子档案。

②质量管理部进一步将首营企业审批表（表 2-1）、首营企业资料、药品销售人员资料及质量保证协议等相关材料存档。

表 2-1 首营企业审批表

<table>
<tr><td>编号</td><td></td><td>建档人</td><td></td><td>填报
时间</td><td colspan="2"></td><td colspan="2">单据
状态</td><td></td></tr>
<tr><td>填报部门</td><td colspan="2"></td><td>审批
日期</td><td colspan="3"></td><td colspan="2">转正
日期</td><td></td></tr>
<tr><td>供应商编号</td><td colspan="2"></td><td>供应
商名称</td><td colspan="3"></td><td colspan="2">助记号</td><td></td></tr>
<tr><td>注册资金</td><td colspan="2"></td><td>注册
地址</td><td colspan="6"></td></tr>
<tr><td>法人代表</td><td colspan="3"></td><td>地区</td><td></td><td colspan="2">发票
类型</td><td colspan="2"></td></tr>
<tr><td>联系人</td><td colspan="3"></td><td>联系
电话</td><td></td><td colspan="2">联系人
传真</td><td colspan="2"></td></tr>
<tr><td>不良记录</td><td colspan="3"></td><td>经营
方式</td><td></td><td colspan="2"></td><td colspan="2"></td></tr>
<tr><td>成立日期</td><td></td><td>企业
负责人</td><td></td><td>企业
类型</td><td></td><td colspan="2"></td><td colspan="2"></td></tr>
<tr><td>经营范围</td><td colspan="9"></td></tr>
<tr><td>生产范围</td><td colspan="9"></td></tr>
<tr><td>GSP 证书</td><td colspan="3"></td><td colspan="2">有效
期至</td><td colspan="4"></td></tr>
</table>

续表

GMP 证书			有效期至		
生产（仓库）地址					
统一社会信用代码		纳税人类型		有效期至	
登记注册类型		发证机关		发证日期	
付款账期		付款方式		有效期至	
是否有质量保证协议		质量保证协议		有效期至	
开户银行		银行账号			
		医疗器械生产（经营）企业许可证号			
是否有业务代表		毒性药品生产（经营）企业许可证号			
		麻醉药品生产（经营）企业许可证号			
授权书有效期至		精神药品生产（经营）企业许可证号			
受托人姓名		放射药品生产（经营）企业许可证号			
受托人身份证号码			身份证有效期		
业务员备案情况			备案有效期		
备注					
质管员意见		日期		姓名	
质管部经理意见		日期		姓名	
质量负责人意见		日期		姓名	

2. 首营品种审核的流程

第一步：了解药品

采购员应了解药品的功能主治、市场占有率等情况，确定首营品种。

第二步：收集资料

采购员根据拟购的首营品种情况，向供应商索取加盖供货单位公章原印章的销售人员身份证复印件；加盖供货单位公章原印章和法定代表人印章或者签名的授权书，授权书应当载明被授权人姓名、身份证号，以及授权销售的品种、地域、期限；供货单位及供货品种相关资料，并对材料进行初步审核，合格后填写首营品种审批表，经采购负责人签署意见后，连同上述有关资料，报质量管理部进行质量审核。

第三步：审核审批

①质量管理部从资质、质量信誉等方面进行审核，审核所购进药品是否超出供货单位的生产或经营范围，是否超出本企业的经营范围。如需对该品种质量进一步了解，质量管理部会同采购部进行实地考察。

②资料审查合格后，审核人在首营品种审批表上签署意见，注明“同意”。

③质量管理部负责人、企业质量负责人根据质量管理部门的具体意见进行最后审核把关，签署明确的意见。

第四步：建立档案

①采购部在计算机管理系统内输入审批合格品种的药品信息，形成电子档案。

②质量管理部将首营品种审批表（表 2-2）、首营品种资料等材料存档，建立药品质量档案。

表 2-2　首营品种审批表

首营编号		建档人		填报日期		单据状态	
填报部门		最小规格		商品大类		转正日期	
供应商				主治分类		特价标识	
商品编码		商品名称		助记码			
规格		单位		剂型		质检分类	
化学名		拉丁（英文）名		通用名称			
化学成分				商品条码			
功能主治							

续表

质量标准				失效天数		有效期	
生产企业				产地			
详细地址							
GMP 证书						证书效期	
营业执照						是否装斗	
批准文号			生产许可证 或备案凭证号				
会员价		供货价		批发价		最新售价	
物价批文				是否有商品说明书		是否有合格证	
有无包装标识				贮存条件			
装箱规格				中包装			
性状 / 包装				可退换货		重量（g）	
长（cm）		宽（cm）		高（cm）		体积（立方 cm）	
电子监管		注册批件证号				注册批件有效期	
进口批件				进口注册证			
送检数量		合格数量		合格率		检验报告存档号	
质检批号		送检商品来源				检验日期	
检验报告				文件归档编号			
联系电话				贮存条环境			
备注							
申请原因							
税收类别编码		进项税率		销款税率			

续表

上市许可持有人		持有有效期			
采购员意见		姓名		日期	
采购部经理意见		姓名		日期	
质量部经理意见		姓名		日期	
质量负责人意见		姓名		日期	

（四）首营审核的注意事项

（1）首营材料按照一个企业一个品种分别用资料袋归档，交由质量部按照一定的分类方法进行统一保管，并建立质量档案。

（2）对首营的实地考察可根据生产商、供应商、产品和本企业实际情况决定。

（3）在首营企业审核过程中，若首营企业曾经更名，可重新按照首营企业补充相关资料。

（4）当生产企业原有经营品种发生规格、剂型或包装改变时，应进行重新审核。

（5）质量部平时要多注意收集首营品种相关质量信息，可以将国家市场监督管理总局网站、地方局网站发布的有关内容收集起来，以帮助对首营材料的审核。

（6）质量部审核资料时要注意审查资料是否完备，所提供的首营审核材料为复印件的，必须在复印材料上加盖公司的原印章。

（7）首营审核过程中首营企业审批表和首营品种审批表中所有意见的签署均须由签署人签名和签署日期。

（8）首营品种审核工作应有相应记录。

二、药品采购

采购是指个人或企事业单位在一定的条件下从供应市场购进产品或服务作为自己的资源，为满足自身需要或保证生产、经营活动正常开展的一项经营活动。药品采购特指药品零售企业向药品批发企业购进药品所进行的业务活动的总和。

（一）药品采购要求

采购的最终目标是在合法的前提下节省采购成本、提高销售盈利、促进企业可持续发展。药品采购需遵循以下要求：

1. 采购员素质要求

（1）采购员资质。

根据 GSP 的相关要求，药品采购人员应当具有药学、医学、生物、化学等相关专业学历或者具有药学专业技术职称。从事中药饮片采购人员应当具有中药学中专以上学历或者具有中药学专业初级以上专业技术职称。此外，采购人员要有相关法律知识，自觉抵制收受贿赂等不良行为，以免触犯法律。

（2）熟悉药品。

作为一名合格的采购员，首先要非常熟悉自家药店的药品结构，如各个类别的品规占比、销售占比、库存占比、库存周转天数和毛利率等；其次要熟悉药品的具体信息，如厂家、供货渠道、品牌、产地、价格、包装、规格，以及各个剂型的成本、效果及价格差异。只有了解所经营药品的结构，才能制订科学的采购计划；只有熟悉药品的具体信息，才能最大限度地避免采购时出现订单失误。

（3）了解供应商。

作为采购员必须了解自己的合作对象，包括其推广方式（如广告推广、学术推广、线上推广、线下推广等）、运营模式、交货周期、紧急补货期、仓储状况与运输成本等。并不是价格低的供应商就是好的供应商，应综合考虑产品质量、价格、服务、技术、应变能力等资质及信誉。

（4）熟悉采购业务。

采购员必须熟悉采购业务，包括核价、采购谈判、明确合同内容、制订采购计划、新品入场审核（首营企业与首营品种）、滞销品处理、供应商退换货、对账结算、表单制作等。

2. 采购行为要求

（1）采购活动合法。

药品是特殊的药品，药品采购是一项特殊的经济活动，需要遵守相关的法律法规。为保证采购药品的质量，GSP 规定供货单位、供货药品及销售人员都需要证明其合法性。

①供货单位的合法性。

采购药品时，与本企业首次发生供需关系的药品生产或者经营企业，称为首营企业。药品采购企业应向首营企业索取、核验能证明该企业合法资质的证明文件，并予以审核，审核无误的方可采购。

②供货药品的合法性。

药品采购时，本企业首次采购的药品称为首营品种。向首营品种企业索取加盖供货单位公章原印章的药品生产或者进口批准证明文件复印件并予以审核，审核无误的方可采购。

③销售人员资质的合法性。

药品零售企业应向药品销售人员索取加盖供货单位公章的销售人员身份证复印件；加盖供货单位公章和法定代表人印章或者签名的授权书，授权书应当载明被授权人姓名、身份证号码，以及授权销售的品种、地域、期限；供货单位及供货品种相关资料。

④与供货单位签订质量保证协议。

质量保证协议即采购合同，合同应明确双方责任与义务，保护双方的权益不受侵犯。采购合同至少包括以下内容：

明确双方质量责任；供货单位应当提供符合规定的资料且对其真实性、有效性负责；供货单位应当按照国家规定开具发票；药品质量符合药品标准等有关要求；药品包装、标签、说明书符合有关规定；药品运输的质量保证及责任；质量保证协议的有效期限。

（2）采购数量合理。

采购是一项经济活动，减少药品积压、节约采购成本、提升货品销售是采购的最高目标，合理确定采购品种和采购数量是实现这一目标的根本路径。过量采购可导致货品堆积而造成经济损失，采购过少会增加物流成本，而且可能因断货影响销售。因此，要求采购员对药店经营的产品结构和市场需求有清晰的认识。

（3）采购时间妥当。

药品要及时采购，未及时采购可能会因缺货而引起经济损失。采购员在采购活动中根据药品的销售周期及采购之后货品的物流时间，合理规划采购时间和采购数量。要保证采购后药品配送到店时，货架上仍有少量该药品待销售为宜。

（4）采购记录完整。

留存完整的采购记录一方面是留给药监部门备查；另一方面是满足门店经济核算的需要，更是合理采购的重要依据。一般使用计算机系统采购，以便于保存采购记录，但还需要向供货单位索取药品的发票、检验合格证书等相关表单存档备查。

（二）药品采购误区

1. 采购人员是“杀价专家”

很多采购人员认为供应商有求于己方，于是利用各种手段“杀价”，榨干供应商的利润空间，结果重利润而轻品质，购入知名度不高、产品效果一般的药品，一味追求高毛利药品，虽然短期利润上去了，但是长期来看势必造成客流量减少。合作没有达成共赢，很难形成长期的战略合作，也很难有好的售后服务。

2. 采购是肥差，回扣拿到手软

有人认为采购是肥差，因为采购人员可以拿回扣。实际上采购人员拿回扣一旦被发现是要负法律责任的，而且这样的行为必定会影响企业的经营活动，给企业带来经济损失，同时也会影响供应商与企业之间的合作，轻则被企业开除，重则进入行业黑名单。

3. 凭感觉采购

采购人员在引进药品时不看市场数据，没有根据药店商圈顾客的需求采购。产品同质化严重，即同行业同类产品过量，造成药品在当地销售不良。

4. 过度依赖库存预警

连锁药店的补货管理，多数采用库存预警，即对各类药品设定一个最低库存，某个药品低于最低量时会自动生成补货单。这样的做法的确效率高，但是也存在漏洞，有些药品季节性很强，有些药品促销性很强，有些药品容易受市场上同类药品的影响等。因此，不可完全依赖库存管理计算机系统，而要综合考虑现实的各种因素。

5. 急催货慢结款

任何合作都是以共赢为基础的，急催货慢结款的行为会让供应商不敢轻易进行深度合作，有好的药品也不敢大量供应。

（三）药品采购流程

药品经营企业在药品购进活动过程中，需要根据 GSP 要求，制订能够确保购进的药品符合质量要求的购进程序，具体流程如图 2-1 所示。药店零售连锁企业实行统一进货、统一配送，连锁门店的采购是连锁门店根据销售情况向其总部提交要货申请，其采购记录即为向总部要货的申请记录，连锁门店不得自行采购药品。

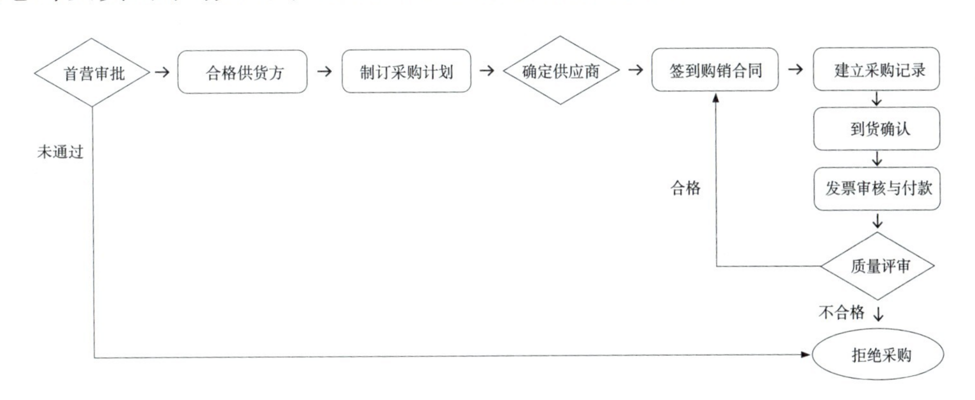

图 2-1 药品购进流程

（四）药品采购计划

药品采购计划是采购环节的重要工作之一，科学合理地制订采购计划，有助于杜绝假冒伪劣药品进入药品流通领域，有助于加速药品资金周转，保证市场供给和适应市场的不断变化。采购计划按照企业经营管理需要，一般按年度、季度、月份编制，分为年度采购计划、季度采购计划、月份采购计划和临时采购计划。

1. 制订药品采购计划的依据

（1）国家政策方针、药品法律法规、各级政府有关市场的方针政策。

（2）前期计划执行情况。前期计划执行情况是对进、销、存业务活动的真实反映，对指导本期采购计划的制订具有重要作用。

（3）市场供应情况和需求情况。市场供应情况包括货源品种、数量、货源畅销程度、供货方的销售计划和付款条件、国家产业政策对药品生产的影响；市场需求情况主要包括销售客户购买力、消费结构变化情况等。这是制订药品采购计划最直接的依据。

2. 制订药品采购计划的程序

采购部门在制订年度和季度计划时，可以粗略制订，通常以纸质版形式编制，作为编制月份采购计划的参考；月份采购计划和临时采购计划需要精准制订，在计算机管理系统中编制，采购计划中供应商信息、药品信息以及采购药品数量等，要与供货方开具的单据完全一致。下面是制订月份采购计划和临时采购计划的程序：

（1）采购人员根据计算机管理系统提供的前三个月药品的购进和销售数量、当月销售量以及药品库存数量，从计算机管理系统药品目录中确定拟采购的药品品种和采购数量。

（2）通过对供货商质量保证能力、供货能力、价格竞争能力、售后服务能力等方面的综合评价分析，从合格供货方档案列表中确定合理的供货商，确定采购药品的价格。

（3）采购人员对采购的药品信息审核无误后，在采购计划单上签字，计算机管理系统将自动生成采购订单。药品采购计划表如表 2–3 所示。

表 2–3 药品采购计划表

制表人： 制表日期：

序号	药品名称	规格	单位	生产厂家	供应商	采购价格	采购数量	合计金额

三、采购合同

采购合同是供货方与需求方之间，就货物的采购数量、价格、质量要求、交货时间、地点和交货方式、结算方式等事项，经过双方谈判协商一致同意而签订的关于“供需关系”的法律性文件，合同双方都应遵守和履行。采购合同是经济合同，双方受“经济合同法”保护和承担责任。药品采购合同是药品经营过程中明确供销双方责任与权利的重要形式之一。

（一）采购合同的形式

药品经营企业在药品采购过程中，根据采购业务的不同情况，会出现不同的合同形式，采购合同的形式可分为书面形式和口头形式。

书面形式合同包括企业与药品供应商协商并签订的《年度购销协议》和标准书面合同，以及书信、传真、电子邮件等形式。企业会与存在常年购销关系的供应商签订《年度购销协议》，执行年度购销协议的日常采购业务，发生之前根据业务需要，也会签订标准书面合同。

口头形式是指当事人以面对面谈话的方式或者以电话交谈等方式达成的协议。口头订立合同的特点是直接、简便、快速、数额较小。

（二）合同签订过程中的职责分工

1. 采购部

采购部是负责药品采购合同谈判、合同起草与预审、合同条款修订、合同签订与执行和合同保管的主办部门。采购部根据业务运营的要求，结合市场实际，在与供应商反复沟通的情况下签订合同。合同签订后，采购部应根据合同内容认真履约，对因不可抗力和市场变化等而导致合同无法按时履约的，应及时通知供应商变更或终止合同履行。

2. 质量管理部

质量管理部是合同质量条款的主审部门。负责审查合同中涉及产品质量的相关条款，并对合同可能涉及的违反相关法律法规的操作方式及内容提出审核意见。

3. 财务部

财务部是合同贸易与结算条款的主审部门。根据企业的经营战略对合同进行审核，对采购价格（综合毛利率）、付款方式与付款账期、收款方式与收款账期、返利方式和返利结算等条款提出审核意见。

（三）签订采购合同的原则和要求

1. 合同签订人的法定资格

合同签订人应该是法定代表人，或者具有法定代表人的授权书，授权书应明确规定授权范围，否则签订的合同在法律上是无效的。

2. 合法的原则

签订合同必须遵守国家的法律和行政法规，包括一切与订立经济合同有关的法律、规范性文件及地方性法规，这是签订合同时最基本的要求。合同双方只有遵循这一原则，签订的合同才能得到国家的认可和具有法律效力，供需双方的利益才能受到保护。

3. 公平原则

签订合同时，合同双方之间要根据公平原则确定双方的权利和义务、风险的合理分配、违约责任。

4. 诚实信用的原则

合同双方在签订合同的全过程中，都要诚实、讲信用，不得有欺诈或其他违背诚实信用的行为。

（四）标准书面合同内容

标准书面合同包括以下几方面的内容：

1. 合同双方的名称

合同必须写出供货单位和购货单位，即供需双方的名称。单位名称要与所盖合同章名称一致。

2. 药品信息

药品信息包括药品的品名、规格、复方制剂、单位、剂型。药品的品名是指通用名称；规格是指制剂规格，复方制剂要写明主药含量；单位有瓶、盒、袋等；剂型要详细具体写明。

3. 药品数量

药品数量表达要明确其计量单位。

4. 药品价格

药品价格是指与计量单位一致的单位价格，由合同双方协商议定。

5. 质量条款

企业与供货方签订了质量保证协议，不必在每份合同上都写明质量条款，但需说明按双方另行签订的质量保证协议执行。

6. 交货日期、方式、地点

合同既要标明交货日期，又要标明药品到站地点、交货方式。交货日期要写明“×年×月×日前交货”的具体日期；交货方式如果委托第三方配送，应当提供与承运方签订的运输协议；交货地点应具体，避免不确定地点。

7. 结算方式

结算方式条款应根据实际情况，明确规定采用何种结算方式，如常用结算方式有一次性付款、分期付款、委托收款、承兑汇票、支票、电汇等。

8. 违约责任

在洽谈违约责任时，要阐明供方延期交货或交货不足数量时，以及供方所发药品有质量不合格等情况时，供方应承担的违约责任；需方不按时支付货款，以及拒收或者退回合格药品，使对方造成损失时，需方应承担的违约责任。

（五）合同的管理

药品经营企业要加强合同管理，建立合同档案，合同档案管理主要有以下内容：

（1）采购人员及时移交合同文件给合同管理员。

（2）对年度购销协议、标准书面合同，进行编号、登记，设立管理台账，对合同的借阅做好记录。

（3）与合同有关的履行、变更、解除的电话、传真等登记记录，并归入档案保存。

任务实施

1. 假设任务信息中的感冒药品厂家业务人员向你提供了“药品生产许可证”原件、营业执照原件、上一年度企业年度报告公示情况、GMP 认证证书复印件，以及一款感冒药品实样，如果你是采购人员，请你根据业务人员所提供的材料判断是否可以采购此感冒药品，并说明原因。

____

____

____

2. 查阅相关资料，假如你是任务信息中的采购员，请你制订一份采购计划。

3. 假如你确定要向任务信息中的感冒药品厂家的业务人员采购感冒药品，请你拟定一份购销合同。

任务检测

情景一：某医药有限公司与新泰制药厂首次发生药品购进关系，新泰制药厂已向该医药公司提供了以下材料：药品经营许可证证号：闽 AB01000123；营业执照（注册证号：35010016068）；税务登记号（证号：35010486135）。在填写《首营企业审批表》时，发现上报审批的文件资料不足。请问该医药有限公司还应向新泰制药厂索取哪些质量文件？并填写好《首营企业审批表》。

情景二：新兴医药公司需向新阳制药有限公司购进新药品阿奇霉素片，规格每盒 0.25 克 ×6 粒，出厂价每盒 15.00 元，批发价每盒 20.00 元，零售价每盒 25.00 元，请填写一份首营品种审批表，并列出所有送审的文件材料。

情景三：某医药公司向新阳制药有限公司购进一批阿奇霉素胶囊 5 000 盒，规格每盒 0.125 克 ×24 粒，进价每盒 12 元，经双方协商确认：第四季度供货，送货制，待货到验收合格后由银行办理托收付款。请填写一份《药品购销合同》。

从上述的三个情景中，学生随机抽取一个进行角色扮演，教师结合岗位能力要求对其进行技能测试。实践检测评价表如表 2-4 所示。

表 2-4　实践检测评价表

基本信息	班级	姓名		学号		
	小组			组长		
序号	考核项目	评分标准	分值	自我评价	组内评价	教师评价
1	仪容仪表	着装干净整洁，语言文明有礼，仪态端庄大方，举止自然得体，精神面貌良好	10			
2	首营资料分类	对首营企业或首营品种的资料进行分类，随便分类等造成资料混乱者不得分	20			
3	首营资料整理	按照首营企业审核资料和首营品种审核资料顺序对资料进行整理	20			
4	填写首营审批表格	填写首营企业或首营品种审批表，凡填写一处错误扣 1 分，直到扣完 20 分为止	20			
5	填写采购单	填写采购单，凡填写一处错误扣 2 分，直到扣完 10 分为止	10			
6	填写购销合同	填写购销合同，凡填写一处错误扣 2 分，直到扣完 20 分为止	20			
总分			100			
综合评分（自我评价 20%，组内评价 20%，教师评价 60%）						

任务二　药品验收

任务信息

药品验收	
工作岗位	收货员、验收员、质管员
情景描述	药店门口停着一辆医药品流车辆，实习生小明看到没人来接货，就积极主动地把药品搬下来直接陈列到货架上。他累得满头大汗、气喘吁吁，这时店长拿着采购清单从药店出来，看到这情景非但没夸小明，还将他好好教育了一顿。小明觉得很委屈，他明明很积极地在帮忙，可还是被批评。如果你是小明，你会怎么做？药品到货后可以立即上架吗？如果不行，需要遵守哪些操作流程？

续表

<table>
<tr><th colspan="3">药品验收</th></tr>
<tr><td rowspan="3">学习目标</td><td>知识</td><td>1. 能说出药店对药品验收人员、场地、时间、方法和内容等的要求；
2. 掌握药品验收的内容、工作流程和注意事项</td></tr>
<tr><td>能力</td><td>1. 能对到货药品按操作规程进行验收，并形成验收记录；
2. 能按规定对需要抽样的药品进行抽样检查；
3. 能对国产药品、进口药品、实施批签发管理的生物制品、特殊管理药品的相关证明文件进行检查；
4. 能处理验收时的异常情况，并填写相关记录</td></tr>
<tr><td>素养</td><td>1. 培养“生命至上，质量第一”的价值观念；
2. 养成严格谨慎、规范操作的工作习惯；
3. 养成爱岗敬业、一丝不苟的工作作风</td></tr>
<tr><td>自学资源</td><td colspan="2">请扫描二维码，进行线上学习
PPT　收货流程　验收流程</td></tr>
</table>

任务准备

一、药品收货

（一）收货程序

药品配送到门店，先由收货员收货，大型连锁零售药店总部可能会设置专门的收货员岗位，大部分药店收货员岗位由药店营业员或验收员兼任。收货是验收的前期工作，具体步骤如下：

第一步：检查运输状况

检查药品的运输情况，如运输工具、隔热物是否干净卫生，货物捆扎是否牢固，有无做好耐压、防潮、防震等工作，封签、封条是否完好无损等。

尤其是冷藏药品到货时，还应检查是否采用符合药品储运要求的运输方式，并对运输过程的温度记录、运输时间等质量控制状况进行重点检查并记录。不符合条件要求的药品应当拒收。

第二步：核对票据和记录

（1）核对随货同行单（票）：收货员检查到货票据是否加盖供货单位药品出库专用章原印章，与备案的票据、印章（系统中的扫描件或纸质留存）进行对比是否一致。

（2）核对采购记录：收货员查询计算机系统中的采购记录，与随货同行单（票）进行对比，核对内容包括供货单位、生产厂商、药品的通用名称、剂型、规格数量、收货单位。

第三步：检查药品

（1）检查药品外包装：收货员检查药品外包装是否完好，是否有污染、破损、标识不清等情况。

（2）核对药品实物：收货员应根据同行单上的相关信息核对实货（品名、规格、数量、厂家、供货单位、剂型、规格、批号、发货日期等）。做到票、账、货一致，如发现问题应及时与供货单位沟通并予以处理。

第四步：确认收货

确认票、账、货一致后，收货员在随货同行单（票）上签字，将药品放置到相应的待验区，将随货同行单（票）、检验报告单等材料转交验收员验收。

（二）收货异常

收货过程中，收货人员若发现票、账、货不符时，应当如何处理？

1. 数量不符

对于随货同行单（票）与采购记录、药品实物数量不符的，经供货单位确认后，应当按照采购制度由采购部门（人员）确定并调整采购数量后，方可收货。

2. 数量之外的内容不符

对于随货同行单（票）内容中除数量以外的其他内容与采购记录、药品实物不符的，经采购部门（人员）向供货单位核实确认后，由供货单位提供正确的随货同行单（票）后，方可收货。

3. 供货方对不符的内容不予确认

供货单位对随货同行单（票）与采购记录、药品实物不相符的内容不予确认的，到货药品应当拒收，存在异常情况的，报质量管理部门（人员）处理。

4. 包装异常情况

应当拆除药品的运输防护包装，检查药品外包装是否完好，对出现破损、污染、标识不清等情况的药品，应当拒收。

二、药品验收

（一）验收人员

通常企业设有专门的验收岗位，《药品经营质量管理规范》第一百二十六条规定从事药品验收工作的人员应当具有药学或者医学、生物、化学等相关专业中专以上学历或者具有药学专业技术职称（一般为药师以上职称）；从事中药饮片质量管理、验收、采购人员应当具有中药学中专以上学历或者具有中药学专业初级以上专业技术职称（一般为中药师以上职称）。对于普通药品，一名验收员即可完成验收工作，而对于特殊管理药品，则要求两名验收员在场进行验收。

（二）验收场地

药品零售企业需要有专门验收的场所，称为待验区，需符合药品储存温湿度要求，整洁、明亮，具有防尘、防虫、防鼠、防污染等设施，以及必要的计量器具、白瓷盘等设备。待验区可以是临时搭建的满足上述条件的场所，如符合温湿度条件的并粘贴“待验区”黄牌标识的销售柜台。

（三）验收时限

药品到店要及时验收，一般以不超过 6 小时为宜。冷藏药品优先验收，一般在到货 2 小时内完成验收。事实上，验收工作不需要太长时间，基本上半小时到一个小时就可以完成，当然所需时间也与到货的药品数量有关。

（四）验收方法

验收时要逐批验收，并真实完整地填写验收记录，验收单的所有项目尽可能详细填写，如药品的生产商、批发单位等都要写全称而不能写简称。验收过程将在后面的内容中详细介绍。

（五）验收内容

药品验收的主要内容分为以下四类：

（1）各类单据：主要有采购记录、随货同行单和发票等；完成验收后应保存好各类单据至超过药品有效期 1 年，但不得少于 5 年。

（2）药品一般信息：指药品包装、药品标签、药品说明书上的信息，包括品名、数量、规格、厂家、批号、有效期、供货单位等。

（3）药品合格证明文件及其他：合格证明文件主要指根据药品批号查验加盖供货单位公章的同批号药品检验报告书，以及进口药品注册证、进口药品检验报告书、生物制品批签发合格证、生物制品检验报告书等，整件开箱的药品应有产品合格证。

（4）药品外观质量：药品质量问题与药品的性质和性状、包装材料、储运环境等息息相关。常见的药品质量问题不仅体现在外包装上，还体现在药品外观上。包装不合格主要有包装污染、包装破损、标签缺失等。药品外观质量问题详见任务四药品储存与养护中的表 2-9。

（六）验收流程

药品验收流程如图 2-2 所示。

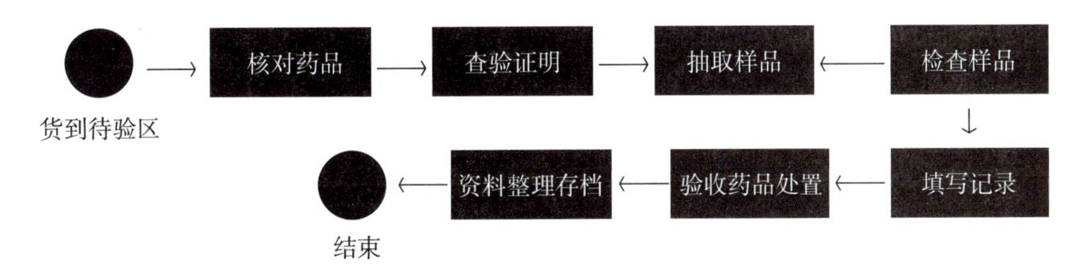

图 2-2　药品验收流程

第一步：核对药品

验收员应检查随货同行单是否加盖供货单位“出库专用章”，进一步按照随货同行单再次核对药品，核对品名、剂型、规格、厂家、批号、生产日期、有效期、批准文号等信息。

第二步：查验证明

（1）查验药品检验报告书：验收员查验药品检验报告书上的批号与实货是否一致，如批发企业购进则需检查是否加盖供货企业的质量管理专用章，如生产企业购进则需检查是否加盖供货生产企业质量专用章。

（2）查验生物制品批签发合格证：查验是否有加盖供货单位药品检验专用章或质量管理专用章原印章的《生物制品批发发合格证》复印件。

（3）查验进口药品相关证明文件：对进口药品进行验收时，需查验是否有加盖供货单位质量管理专用章原印章，相关文件有进口药品注册证或医药产品注册证；进口蛋白同化制剂、肽类激素需有进口准许证；进口药材需有进口药材批件、进口药品检验报告书或注明“已抽样”字样的进口药品通关单；进口国家规定的实行批签发管理的生物制品，需有批签发证明文件和进口药品检验报告书。

第三步：抽取样品

验收员按照验收规定，对每次到货药品进行逐批抽样验收。

（1）对同一批号的整件药品，按照堆码情况随机抽取样品。整件数量在 2 件及以下的应当全部抽样检查；整件数量在 2 件以上至 50 件以下的至少抽样检查 3 件；整件数量在 50 件以上的每增加 50 件，至少增加抽样检查 1 件，不足 50 件的按 50 件计。

（2）对抽取的整件药品应当开箱抽样检查。应当从每整件的上、中、下不同位置随机抽取 3 个最小包装进行检查，对存在封口不牢、标签污损、有明显质量差异或外观异常等情况的，至少再加一倍抽样数量进行检查。

（3）对有破损、污染、渗液、封条损坏等包装异常以及零货、拼箱的，应当开箱检查至最小包装。

（4）同一批号的药品应当至少检查一个最小包装，但生产企业有特殊质量控制要求或者打开最小包装可能影响药品质量的，可不打开最小包装。

（5）外包装及封签完整的原料药、实施批签发管理的生物制品，可不开箱检查。

第四步：检查样品

验收人员应当对抽样药品的外观、包装、标签、说明书以及相关的证明文件逐一进行检查、核对。验收结束后，应当将抽取的完好样品放回原包装箱，加封并标示。

第五步：填写记录

验收药品应当做好验收记录，包括药品的通用名称、剂型、规格、批准文号、批号、生产日期、有效期、生产厂商、供货单位、到货数量、到货日期、验收合格数量、验收结果等内容。中药饮片验收记录应当包括品名、规格、批号、产地、生产日期、生产厂商、供货单位、到货数量、验收合格数量等内容，实施批准文号管理的中药饮片还应当记录批准文号。验收人员应当在验收记录上签署姓名和验收日期。

第六步：验收药品处置

验收合格后，验收人员将合格药品陈列于相应陈列架上。

第七步：资料整理存档

（1）验收员在检验报告书等证明文件上加盖企业“质量管理章”，扫描上传至计算机系统。

（2）验收员将随货同行单（票）和检验报告书等材料分别整理，装订存档。

三、不合格药品处理

验收过程发现不合格药品，验收员不得上柜，将不合格药品放在相应储存环境的待处理区，填写验收不合格事项及处置措施记录表，报质量管理员审核并签署处理意见，质量管理员确认合格则办理上柜手续，若确认不合格则将药品放入不合格品区，系统锁库，同时填写质量信息反馈表，传给公司质量管理部和采购部。不合格药品处理流程如图 2–3 所示。

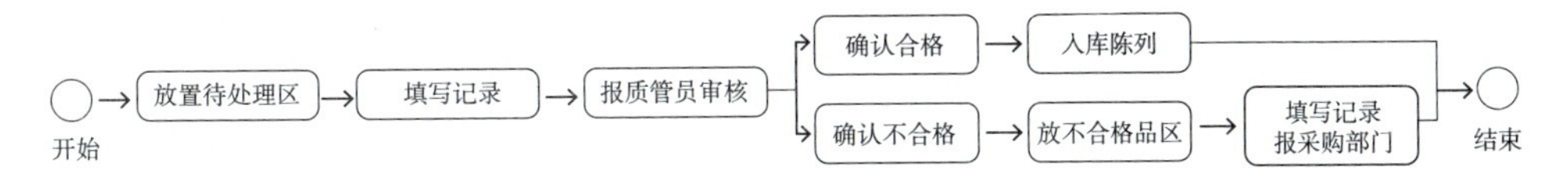

图 2–3　不合格药品处理流程

任务实施

1. 表 2–5 是某医药公司提供的一张随货同行单，请你判断这张随货同行单是否规范，若不规范请指出来。

____

____

收货过程中，收货人员发现票、账、货不符时，应当如何处理？

（1）数量不符：____

（2）其他内容不符：____

（3）供货方对不符内容不予确认：____

（4）货物包装异常：____

表 2–5

×××医药有限公司药品销售清单（随货同行单）

供货单位：×××医药有限公司　收货单位：同心大药房　收货地址：同安区五显路 219 号

序号	药品名称	规格	批准文号	生产企业 / 上市许可持有人	产品批号	生产日期	有效期	单位	数量	单价	金额	质量状况
1	人血白蛋白	50 mL：10 g	国药准字 S19933024	YYY 生物制药股份有限公司	2022–03–10	2022–03–31	2025–03–30	盒	50	650	32 500	合格

送货人：李国　验货人：　　　　发货日期：2022–08–07

启运时间：2022–08–07 13：50　　　　到货时间

启运温度：　　　　到货温度：

2. 请你谈谈任务信息中实习生小明为什么被批评（提示：验收员资质、收货流程、验收流程）。如果你是实习生小明，你会怎么做？

____

____

____

3. 参考任务准备验收流程，完成上述随货同行单中药品的验收，同时填写表 2-6 并对取样、外观质量检查过程做必要说明（提供各类单据、模拟药盒、货架等）。

表 2-6 同心大药房药品验收记录

验收日期	药品名称	剂型	规格	批准文号	产品批号	供货单位	生产厂商	单位	数量	单价	金额	生产日期	有效期至	外观质量	验收结论	验收人

单位负责人： 采购员：

取样方法：____

外观质量检查方法：____

4. 假设上述情景中的人血白蛋白出现冻结现象，请你分析原因并模拟处理过程，同时填写表 2-7。

____

____

____

____

表 2-7 同心大药房验收不合格事项及处置措施记录表

药品通用名/药品名	规格	单位	数量	产品批号	生产厂家	不合格原因	处理意见	处理结果	处理时间	经办人

任务检测

情景一：同心大药房新到一批药品，有常温储存的三九感冒灵冲剂 115 盒，白加黑片 90 盒，需冷藏的药品低精蛋白锌胰岛素 30 盒，请你完成收货过程（教师提供模拟药盒及药品相关信息、随货同行单等）。

情景二：请你对新到的三九感冒灵冲剂 115 盒、白加黑片 90 盒、需冷藏的药品低精蛋白锌胰岛素 30 盒进行验收（教师提供模拟药盒及药品相关信息、随货通行单、验收记录单等）。

情景三：新到的这批药品中，由于温度控制不好，胰岛素储藏温度不合格，并且有液体渗出来，污染了三九感冒灵冲剂与白加黑药品若干盒，请你完成处理过程（教师提供模拟药盒及药品相关信息、验收不合格事项及处置措施记录表等）。

从上述的三个情景中，学生随机抽取一个进行角色扮演，教师结合岗位能力要求对其进行技能测试。实践检测评价表如表 2-8 所示。

表 2-8　实践检测评价表

基本信息	班级	姓名	学号			
	小组		组长			
序号	考核项目	评分标准	分值	自我评价	组内评价	教师评价
1	仪容仪表	着装干净整洁，语言文明有礼，仪态端庄大方，举止自然得体，精神面貌良好	10			
2	团队合作	分工明确，有条不紊，有效沟通，无矛盾，无争执	10			
3	药品收货	完成运输环境检查	5			
		随货同行单合法性判断准确	5			
		药品信息核对准确、完整	5			
		记录运输过程的温度、运输时间、签名	5			
4	药品验收	验收环境准备（有待验区黄牌标识）	5			
		检查外包装，能挑出外包装不合格的药品	5			
		采用正确的方法抽样，抽样具有代表性，数量准确	5			
		查验证明文件	5			
		检查药品外观质量，能检出外观不合格的药品	10			
		验收记录填写完整、准确	5			
		合格药品上架 / 不合格药品放置待处理区	5			

续表

基本信息	班级		姓名		学号		
	小组				组长		
序号	考核项目	评分标准	分值	自我评价	组内评价	教师评价	
5	不合格药品处理	上报质管员及质管员审核	5				
		将确认合格的药品上架	5				
		将确认不合格的药品放置于不合格品区	5				
		填写记录验收不合格事项及处置措施记录表	5				
总分			100				
综合评分（自我评价 20%，组内评价 20%，教师评价 60%）							

任务三 药品陈列

任务信息

药品陈列		
工作岗位	营业员、养护员	
情景描述	同心大药房最近开了一家分店，小明来到新药店协助进行药品陈列。如果你是小明，你会怎样陈列呢？	
学习目标	知识	1. 说出药品分类陈列要求； 2. 描述药店整体陈列原则； 3. 理解不同货位陈列技巧
	能力	1. 学会依据基本原则正确陈列药品； 2. 学会制作 POP 广告
	素养	1. 具有高度的社会责任感，热爱医药卫生事业； 2. 培养严谨的工作态度以及吃苦耐劳、一丝不苟的工作精神； 3. 培养爱岗敬业、团结协作、学以致用的从业意识

续表

药品陈列	
自学资源	请扫描二维码，进行线上学习  PPT　药品陈列　知识链接

任务准备

一、概述

药店陈列是指有效利用药店空间，合理规划整体布局、货架摆放位置、医药药品陈列顺序及堆码方式，以达到方便顾客购买、利于药品管理、提升门店形象的目的。

二、药品陈列要求

根据《药品经营质量管理规范》要求，药品的陈列应当符合以下要求：

（1）按剂型、用途以及储存要求分类陈列，并设置醒目标志，类别标签字迹清晰、放置准确。

（2）药品放置于货架（柜），摆放整齐有序，避免阳光直射。

（3）处方药、非处方药分区陈列，并有处方药、非处方药专用标识。

（4）处方药不得采用开架自选的方式陈列和销售。

（5）外用药与其他药品分开摆放。

（6）拆零销售的药品集中存放于拆零专柜或者专区。

（7）第二类精神药品、毒性中药品种和罂粟壳不得陈列。

（8）冷藏药品放置在冷藏设备中，按规定对温度进行监测和记录，并保证存放温度符合要求。

（9）中药饮片柜斗谱的书写应当正名正字；装斗前应当复核，防止错斗、串斗；应当定期清斗，防止饮片生虫、发霉、变质；不同批号的饮片装斗前应当清斗并记录。

三、药店整体陈列原则

药店的医药药品陈列应在满足 GSP 要求的基础上，实现提升药店形象、方便顾客购买、促进药品销售的目的。为实现这样的目的，在药品排列上有以下原则：

1. 满量陈列

满量陈列也称为量感陈列，若陈列量偏少，会给人此药品不畅销的感觉。比如地理位置相近、价格相差不多的两家药店，一家药品种类繁多、货架满满，而另一家则货架空空，这两家药店给人的感觉截然不同。满量陈列不仅有视觉美感，而且会刺激顾客的购买欲望。多排陈列和堆头陈列都是满量陈列的具体方式。

2. 美观陈列

药品陈列在满足其他陈列原则的基础上，应尽量做到格调一致，如上下左右的排列可以以包装盒规格从大到小、颜色从深到浅等方式排列，给人一种整洁美观的视觉体验。美观陈列最常见的方式就是利用药品或空包装进行造型陈列，如图 2-4 所示。

图 2-4 药品的美观陈列

3. 关联陈列

将消费者可能同时购买的药品陈列于相邻位置。如感冒药与止咳化痰药、清热解毒药相邻陈列；儿童用药与维生素 D、钙剂相邻陈列等，既促进销售又满足顾客的多元需求。

4. 比较陈列

货比三家是顾客普遍的消费习惯，可以将不同品牌不同价位的同类产品相邻陈列，如将少量周转率高但是毛利低的品牌感冒药品与大量周转率低但是毛利较高的非品牌感冒药品相邻陈列，通过陈列量的比较，引导消费者购买特定的药品。

5. 凸显陈列

为了方便顾客选购，促进销售，可以对某种类药品进行凸显陈列。

（1）可将市场需求量大的药品陈列于最容易受视线关注的位置，一般认为从地面开始算起 60 ~ 180 cm 为有效陈列位置，但是 80 ~ 120 cm（有的认为是 85 ~ 155 cm）为黄金陈列位置，可重点陈列想要推销的药品；

（2）将应季药品或主题促销的药品陈列于端架、橱窗等醒目位置，并配合有创意的堆头陈列方式；

（3）此外，柜台也属于药店陈列的黄金位置，可以陈列一些顾客乐于购买的药品，如季节性药品、促销药品，或其他日常生活中常用的药品；

（4）还可以将需要凸显的药品在多处陈列，以增加曝光度吸引顾客；

（5）利用灯光照明、色彩、装饰（如 POP 广告）、造型等方法，制造视觉焦点。

6. 次序陈列

药品陈列应注意药品的批次，做到先进先出，近有效期先出，药品上架时把之前陈列的药品放置在前排或上层位置，将补充陈列的药品放置后排或下层位置。

此外，还有其他陈列技巧，如除去外包装的陈列，展示药品内在质地以吸引顾客；同一品牌药品垂直陈列，发挥品牌效应以吸引顾客等。

四、不同货位的陈列技巧

1. 橱窗陈列

橱窗是药店的广告位，一般展示应季、促销、新品、高利润等需要凸显的药品，并在橱窗上粘贴 POP 广告或海报等。但是橱窗可能存在光照问题，一般不直接陈列药品，可以用药品空包装盒代替药品陈列。橱窗的陈列可以大胆创新，但是要符合药店的整体形象要求。橱窗陈列如图 2-5 所示。

图 2-5 橱窗陈列

2. 货架陈列

货架和柜台是药店的主要陈列场所。货架陈列可以开架销售的医药药品，包括 OTC 药品、保健品、药食同源产品等。

若将货架分为上、中、下三段，上段是离顾客视线最近的位置，一般陈列需要凸显陈列的医药产品，如促销、高利润和市场需求量较大的产品；中段一般陈列销量稳定，价格适中的产品；下段则陈列一些质量、体积比较大，市场需求量较小的产品。一般认为货架的黄金位置在 80 ~ 120 cm 高度位置，也有认为中段 85 ~ 155 cm 是黄金位置，黄金位置陈列需要凸显陈列的产品，如主题推广、促销、利润高的产品。货架陈列如图 2-6 所示。

图 2-6 货架陈列

3. 端架陈列

端架也称为端头货架，是指药店中央双面陈列的货架的两端。端架也属于药店的黄金位置，是顾客注意力极易触及的地方，可以陈列品牌、主题推广、促销、高利润的产品，也可以陈列一般性的产品；可以陈列同一品牌甚至某品牌的特定产品，也可以陈列几个品牌的数种产品。端架陈列应注意产品规格一致、色系相近，并经常更换陈列的品种，给顾客耳目一新的感觉。

4. 柜台陈列

药店柜台一般陈列不能或不便开架陈列的产品，如处方药、贵细药材、容易丢失的产品等。开放货架紧缺时，柜台也可以陈列 OTC 药品。柜台陈列要考虑方便顾客，可以把药品平铺陈列，若是顾客可以看见的柜台，则可以考虑站立陈列。

5. 收银台陈列

收银台同样属于药店的黄金位置，位置较小，一般陈列体积较小、价格较低、利润较高、受众广的产品，如润喉糖、创可贴、棉签等。

6. 花车陈列

花车是药店用来临时展示促销产品或主题推广的折叠车。一般一辆花车陈列的品种不宜过多，规格、颜色要比较一致，满足满量、美观的陈列要求。花车最常见的陈列方式是堆头陈列。

7. 专柜陈列

药店常见专柜一般有品牌专柜、某病种专柜等。品牌专柜全部陈列某个品牌的产品，如片仔癀专柜、同仁堂专柜等；某病种专柜一般陈列关联功能药品，如糖尿病药品专柜。

五、一般药品的陈列流程

西药、中成药、保健品等的陈列主要分为以下步骤：

1. 陈列准备

在陈列准备期，理货员先对药店药品进行维护检查，了解产品系列是否完整，规格是否齐全，药品是否过期，摆放是否凌乱，陈列是否需要更新等，确认需要上架的药品品种和数量，从仓库领取需上架陈列的药品。

2. 陈列上架

陈列上架分为补充陈列和更新陈列。补充陈列操作比较简单，对应原陈列位置，直接上架补货。补充陈列时应注意陈列次序，确保先进先出，近效期先出。更新陈列则比较复杂，应首先构思陈列效果，然后对药品按照 GSP 要求分类，最后结合陈列原则和不同货位的陈列技巧进行陈列。

3. 完善标价签

上架陈列完成后应检查药品与标价签是否一一对应，对更新陈列的药品要求正确填写标价签。

六、常见错误陈列案例

（1）包装盒倒置、横向包装竖放、背面前放（图 2–7）。

（2）不同品牌叠放陈列，实际工作场景中出现这样的错误较少，但是在教学实训中不少见（图 2–8）。

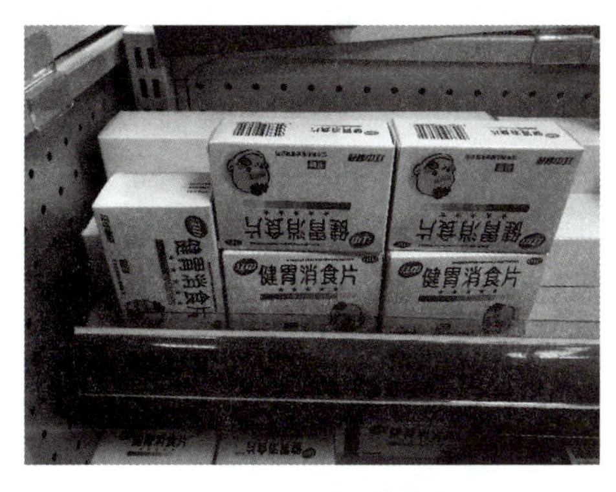

图 2–7　包装盒倒置

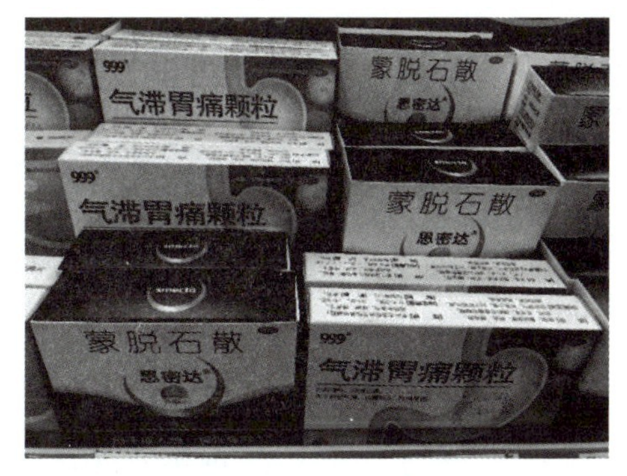

图 2–8　不同品牌叠放

（3）药品与非药品没有分开陈列（图 2–9）。

（4）外用药与其他药品没有分开陈列（图 2–10）。

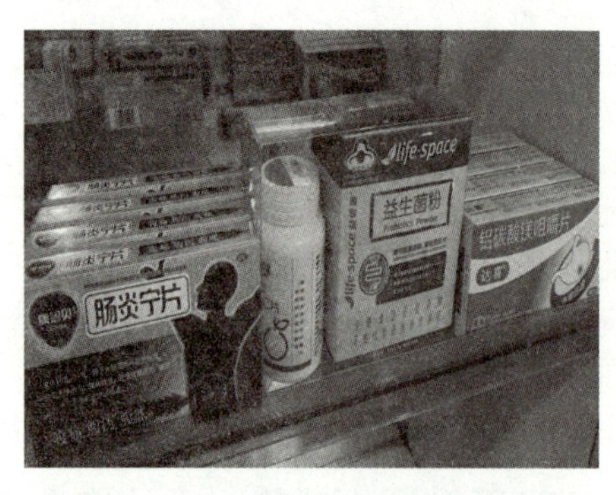

图 2-9 药品与非药品未分开

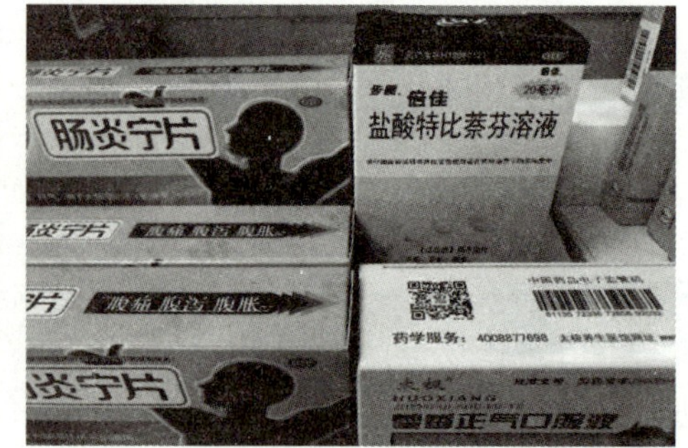

图 2-10 外用药与其他药品没有分开

（5）处方药开放陈列（图 2–11）。

（6）陈列药品与标价签不符（图 2–12）。

图 2–11 处方药开放陈列

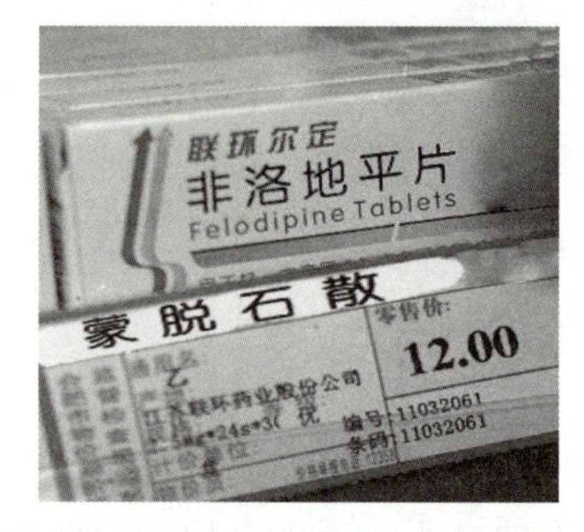

图 2–12 陈列药品与标价签不符

（7）新批次药品直接放在旧批次药品之前 / 上（图 2–13）。

（8）缺乏量感（图 2–14）。

图 2–13 新批次药品直接放在旧批次药品之前 / 上

图 2–14 缺乏量感

（9）超满量陈列。如果为了突出量感陈列，药品与上层货架面板距离过小，会给顾客拿货不便的感觉，从而降低顾客的购买欲（图 2–15）。

（10）大小包装陈列前后顺序颠倒，如大包盒药品摆在小包装盒前面，遮挡小包装盒药品信息，不便于顾客发现，从而影响销售（图 2–16）。

图 2-15　超满量陈列

图 2-16　大小包装陈列前后顺序颠倒

任务实施

1. 假设你是任务信息中的小明，请你根据 GSP 的相关规定，设计一份新药店的药品陈列方案并完成药品陈列。

____

____

____

____

2. 请你判断下面的陈列是否正确。如果是错误陈列，应该如何纠正？

（　　）　　（　　）　　（　　）

3. 通过网络搜集关于 POP 海报制作的相关信息，并为新店开业制作一份 POP 海报或广告。

____

____

____

任务检测

1. 陈列前准备：模拟药店，做好药品陈列前的准备工作，如 50 种指定药品（涵盖常见剂型和常见品种）、记录笔、秒表、工作服、各种记录表等。

2. 人员分工：5 ~ 6 个学生为一组，依次轮流对 50 种指定药品进行陈列并填写数据，对指定药品进行正确的分类陈列。

3. 陈列后工作：各小组对实践过程中发现的问题和比较好的方法进行总结陈述，并提出改善对策。实践检测评价表如表 2–9 所示。

表 2–9 实践检测评价表

基本信息	班级	姓名	学号			
	小组		组长			
序号	考核项目	评分标准	分值	自我评价	组内评价	教师评价
1	仪容仪表	着装干净整洁，语言文明有礼，仪态端庄大方，举止自然得体，精神面貌良好	10			
2	陈列前准备	药品物品等资料准备齐全，环境整洁、明亮、舒适，温度适宜	10			
3	陈列过程	陈列符合 GSP 要求	5			
		陈列体现不同货位的陈列技巧	5			
		药品标价签设计合理，填写准确	5			
		模拟药房中准确辨识错误陈列	5			
		填写记录表				
4	操作熟练程度	熟练、连贯	5			
5	陈列后	陈列过程中发现的问题	5			
		提出的改善方法	5			
		陈列方法的总结	5			
总分			100			
综合评分（自我评价 20%，组内评价 20%，教师评价 60%）						

任务四 药品储存与养护

任务信息

<table>
<tr><th colspan="3">药品储存与养护</th></tr>
<tr><td>工作岗位</td><td colspan="2">保管员、养护员、营业员</td></tr>
<tr><td>情景描述</td><td colspan="2">同心大药房最近连续接到顾客投诉，有高血压患者称买到的药品比上一次买到的生产日期还要靠前，而且快要过有效期了；有的称买到的药品包装盒有受潮现象，怀疑里面的药品可能已经变质；还有的称买到的中药有明显的发霉和虫蛀现象。店长召开专门会议查找原因，原来前段时间有几个员工离职，导致药店人手不够，恰逢梅雨天气，因此药品入库管理没有专人负责，药店药品的定期养护工作也被耽误了</td></tr>
<tr><td rowspan="3">学习目标</td><td>知识</td><td>1. 能说出药品质量的影响因素、药品储存的温湿度要求、药品堆垛要求;
2. 判断常见药品的不合格现象</td></tr>
<tr><td>能力</td><td>1. 能对到货药品进行入库储存;
2. 能对库房、营业场所的温湿度进行监测和调控;
3. 能按养护计划检查药品包装和外观质量;
4. 能对近效期药品进行预警</td></tr>
<tr><td>素养</td><td>1. 具有安全至上、质量第一的从业意识;
2. 养成严格自律、遵纪守法的从业意识;
3. 具有全局意识和爱岗敬业的工作作风</td></tr>
<tr><td>证书标准</td><td colspan="2">1. 能对入库和退回药品进行验收;
2. 能进行有效期药品的管理;
3. 能进行在库药品的外观检查;
4. 能记录质量工作台账和建立养护档案;
5. 能从药品外观及包装判别假劣药品;
6. 能按规定的程序处理不合格药品及退货药品，并形成记录</td></tr>
<tr><td>自学资源</td><td colspan="2">请扫描二维码，进行线上学习
PPT　药品入库　药品出库　药品日常养护程序　养护异常情况处理</td></tr>
</table>

任务准备

一、药品储存技术

药品储存技术是指通过合理规划货位、正确堆垛，科学管理储存环境，严格管理出入库信息，最终保证消费者用药安全、减少企业经济损失的工作过程。药品储存有以下要求：

（一）药品分类分区储存

1. 色标管理

GSP 要求对药库进行色标管理，涂色或用相应颜色标牌显示，黄色的为待验区、退货区，绿色的是合格品区，红色的是不合格品区。

2. 温湿度要求

根据药品对储藏温度的不同要求，设常温库 / 区（10 ~ 30℃）、阴凉库 / 区（不高于 20℃）、冷藏库 / 区（2 ~ 10℃），各库 / 区的相对湿度均要求为 35% ~ 75%。

3. 分类储存要求

按照 GSP 的分类陈列要求和药品存储条件要求进行分类分区存放：药品与非药品、外用药与其他药品分开存放，中药材和中药饮片分库存放；特殊管理药品按照国家有关规定储存；拆除外包装的零货药品集中存放；另外根据药品的性质，将储存条件相似的分为一类，如需储存阴凉库的、需要冷藏的、需要避光的、体积大或质量重的、受压易变形的等，均要按照其不同特点分类、分区存放。

（二）药品合理堆垛

1. 规划货位

综合考虑药品的性质及存储要求、空间的利用、工作的便利等因素，合理规划货位，并对货位进行编码。通常用四号定位法，即“库 / 区号—货架号—层次号—货位号”，如货位 3–4–3–10，表示 3 区的 4 号货架 3 层 10 号货位。

2. 药品堆码

药品堆码是指将药品在既定货位上叠加堆放的方式，有垂直堆码、压缝堆码两种，堆码的载体可以是货架，也可以是托盘。GSP 要求药品按批号堆码，不同批号的药品不得混垛。但营业区货架陈列堆码可以混垛，要求批号较新的药品放在货位里面，以满足药品先进先出的要求。垛间距不小于 5 cm，与库房内墙、顶、温度调控设备及管道等设施间距不小于 30 cm，与地面间距不小于 10 cm。药品堆垛除按 GSP 的硬性规定外，还应按不同药品的不同特性选择正确的存储方式，如药品怕光则放置阴凉处，怕潮湿则堆放于货架上层，易挥发易风化则密闭保存，质重体积大的放置在货架下层等。

二、药品出入库储存程序

（一）药品入库储存程序

药品入库储存流程如图 2–17 所示。

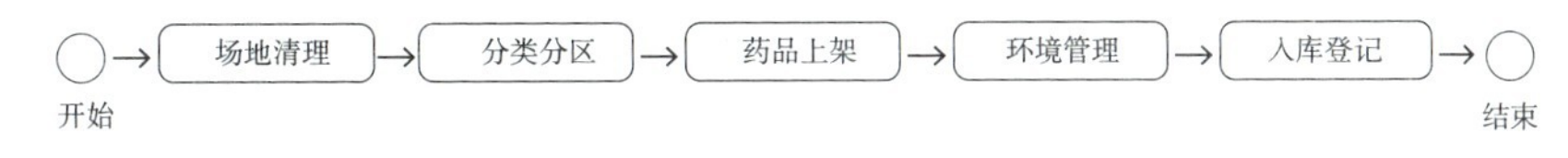

图 2–17　药品入库储存流程

第一步：场地清理

提前清理储存的货架，做好卫生清洁，将剩余产品整理归置一旁。

第二步：分类分区

按照 GSP 的分类陈列要求分类分区存放。

第三步：药品上架

将新入库的药品上架，再将剩余的同品种药品放置上层或旁边。

第四步：环境管理

调节环境温湿度，注意避光及防尘、防虫、防鼠、防潮、防火等安全事宜。

第五步：入库登记

在药店信息管理系统输入新入库药品信息，完成药品入库登记（填写药品出入库台账），包括药品信息和储存信息。

（二）药品出库程序

1. 备药

保管员打印领药申请单，根据领药申请单，按库位逐条发药并标记。保管员备药遵循“先进先出、近效期先出”的原则准备药品，存在质量问题的药品不得出库，并详细记录理由；做好缺药记录，并报给采购部门。

2. 复核

保管员核对药品名称、规格、数量、产地、批号、有效期等信息。

3. 打包

保管员按照药品的分类存放要求和各药品温度储藏要求，分别用不同的包装分开放置或打包并做好标志；冷藏品种按冷链要求发放。

4. 出库

药库系统确认出库单并打印，出库单随药品同时送达药店，通知药店及时验收、确认。药店验收数量与出库数量不符时，要及时查明原因，迅速纠正。

5. 记录存档

在药店信息管理系统输入出库药品信息，完成药品出库登记（填写药品出入库台账）。

三、常见药品质量问题

辨识药品质量问题是药品养护的重要环节，而正确分析药品质量问题的影响因素是科学储存药品的基础。

在药品验收与养护过程中辨识不合格药品，主要包括过期、外包装不合格、药品外观质量不合格。外包装不合格主要表现为包装破损、污染、标签缺失等问题；药品外观质量不合格是指制剂本身肉眼可见的变质或物理形态不合格现象，具体如表 2–10 所示。

表 2–10 常见药品外观不合格现象

药品	不合格现象	剂型举例
固体制剂	裂片、粉碎、潮解、结块、粘连、变色、霉斑、变味等	片剂、胶囊、散剂、丸剂
半固体制剂	漏液、油水分离、霉斑等	乳膏剂、栓剂
液体制剂	挥发、沉淀、变色、酸败、冻结、容器破裂等	针剂、口服液体制剂
生物制品	冻结、蛋白质变性、容器破损等	疫苗、胰岛素等
中药材	发霉、虫蛀、串味、变色、变味等	中药饮片

药品的理化性质（内在因素）、储存环境（环境因素）、有效期是影响药品质量的三大因素。

1. 药品的理化性质

药品本身的物理和化学性质是药品质量的重要影响因素，理化性质稳定的药品不容易发生变质，药品储藏条件宽松，有效期较长；理化性质不稳定的药品储存时间相对较短。常见的理化性质不稳定现象包括以下几种：

（1）水解、分解。如果药品化学结构含有易水解的结构，如乙酰基或酰胺键等，则容易水解而发生变质，如青霉素、阿司匹林等。有些药品本身就可以发生分解，如双氧水分解为水和氧气。

（2）氧化、还原。具有还原性的药品容易被氧化，如维生素 C，而具有氧化性的药品则容易被还原，如双氧水、高锰酸钾等。

（3）挥发。药品挥发是因为其本身沸点比较低，容易从液体状态变成气体状态扩散到空气中，如各种含酒精的药品。含挥发油的中药也容易发生挥发。如果存储不当容易导致不同药品之间串味。

（4）吸湿。吸湿是指药品吸收空气中水分的现象，吸湿的后果包括粘连、结块、潮解、分解、发霉等。

（5）吸附。吸附是指药品能吸收环境中的其他成分，主要是各种气体。当吸附性药品与挥发性药品存储在一起时，则易发生串味。

（6）冻结。一些液体药品在低温环境下凝固的现象称为冻结，液体药品冻结后可能因为体积膨胀而使容器破裂，也有可能使乳浊液析出结晶，进而导致乳化剂失去作用。有的生物制品类的药品可能因冻结而变性，从而失去活性，如胰岛素。

（7）风化。在过于干燥的环境下某些含结晶水的药品会失去部分或全部结晶水，而变成不透明晶体或粉末的现象称为风化。风化后的药品可能不会影响药效，但是会影响药品的剂量。

（8）色、嗅、味改变。药品的色、嗅、味是药品的重要外观特征，往往也是重要的质量指标，色、嗅、味改变说明药品的理化性质发生了改变，药品质量也就发生了改变。

（9）虫蛀与霉变。糖类和蛋白质是微生物和昆虫的重要营养物质，如果药品本身含有这些成分则非常容易发生虫蛀和霉变等现象。

2. 储存环境

药品的储存环境通过影响药品的理化性质来影响药品质量。

（1）空气。空气对药品储藏的主要影响有两方面：一个是氧气引起药品的氧化；另一个是空气湿度导致药品的吸湿，此外空气中的二氧化硫和粉尘污染等也可能影响药品。

（2）温度。药品储存需要适宜的温度范围，温度过高或过低都会影响药品的质量。如高温加速药品氧化、分解、挥发、风化、熔化及色、嗅、味的改变；低温则可能导致药品冻结，膨胀破裂，甚至蛋白质变性（如胰岛素）。

（3）湿度。药品储存的相对湿度要求为 35% ~ 75%，储存在湿度低于这个范围的环境下，药品容易发生风化现象，高于这个范围容易发生药品吸湿进而水解等现象。

（4）光线。紫外线是促进氧化、分解、变色的重要条件，因而一般药品都要求避光储存。但是中药有时也会利用日晒方式养护。

（5）微生物与昆虫。主要体现在中药和中药饮片的储存中，微生物与昆虫虫卵对药品质量的影响尤其重要，中药与中药饮片应该定时检查与保养。

3. 有效期

合格的药品必须满足四种药品质量特性，包括安全性、有效性、均一性和稳定性。为了保证药品的质量，每种药品都被设定了有效期。在正确存储条件下，药品的理化性质缓慢发生变化，在有效期内不会引起变质。但是若存储条件不当，药品有可能提前发生变质。药品就算被完美储藏和养护，其理化性质仍然在缓慢变化中，当量变积累到质变，则药品就发生了变质，不再具备安全、有效、均一、稳定的性质，所以定时检查药品是否临近有效期，是保证用药安全有效最重要的方法。

四、药品养护技术

（一）药品养护概述

药品养护是指药品在药店储存过程中所进行的保养和维护工作。它是药店药品保管的一项经常性工作，对药品储存安全、保证药品质量、减少损耗、促进药品流通有着重要的作用。

1. 温湿度管理

温度和湿度是影响药品质量的重要因素，GSP 规定药店营业场所和仓库都需安装监测及调节温湿度的仪器和设备。严格控制药店内的温湿度既是保证药品质量的基本条件，也是做好药品养护的关键，一般要求上午、下午各监测一次并记录。

2. 近效期管理

药品有效期是药品质量的重要参考，药品进店后要在陈列和管理时做到“先进先出，近效期先出”，可以利用计算机系统的近效期提醒业务，及时找出近效期药品，采取一定办法加快销售，对超过有效期的药品则按照 GSP 的要求处理。

3. 定期养护

药品质量变化是一个缓慢的动态过程，需要定期养护检查才能及时了解药品是质量变化情况。一般药店可以根据自身的情况设定固定的养护周期，建立养护计划。一般以一个季度为养护周期，重点养护的药品以一个月为养护周期，周期内按照养护计划安排养护时间和养护内容。将药店内的主营品种、首营品种、质量不稳定的品种、有特殊存储要求的品种、近效期品种、存储时间超过 2 年的品种、近期发生质量问题的品种、药监部门重点监控的品种、贵细药材等列为重点养护对象，实施重点养护。重点养护的方法主要是缩短养护周期，增加养护检查的频率，及时采取必要的养护措施。

4. 中药及贵细药材的养护技术

中药饮片由于缺少销售包装，一般不具备气密性，更容易受到环境因素的影响，中药材和中药饮片尤其需要重点养护。主要的养护方法有以下几种：

（1）日晒法。

将中药材或中药饮片放到太阳底下暴晒是中药养护的常用方法，通过暴晒可以使药材干燥、杀死虫卵和霉菌等，达到防霉防虫蛀的作用。适用于暴晒对质量影响不大的药材，如大黄、黄精、黄芪、何首乌等。

（2）阴干法。

将中药材放置在阴凉通风处摊晾以达到干燥的目的，适用于花类、叶类、果皮类药材，如红花、艾叶、橘皮等。

（3）烘干法。

对热稳定性好的中药材采用烘干法，即采用加热设备使中药材干燥、杀死虫卵、霉菌的方法。连续阴雨潮湿的天气无法进行日晒时也采用该法，如党参、陈皮、地黄、天麻、玄参等。

（4）密封吸湿法。

几乎所有药材都可以采用此法储存与养护，因其可以防受潮霉变、防挥发、防干燥走油、防氧化与虫蛀等。传统做法是将药材密封于适当容器内，并放入生石灰、木炭、硅胶、无水氯化钙等吸湿剂，使药材保持干燥。应注意采取一定措施避免吸湿剂污染药材。现在很多药店和医院药房都会采用按常用剂量加工成小包装的方式，这样不仅有利于储存，而且方便调剂。

（5）冷藏法。

通常怕高温的中药材或中药饮片可以利用冰箱、冷库、阴凉库等设施设备来储藏，有的会先用塑料袋密封后再冷藏，可有效防蛀、防霉变质等，如枸杞、黄精、地黄、党参等。

（6）对抗同储法。

利用不同药材的气味相互克制，同储达到防蛀、防霉、保色的效果。例如，藏红花与冬虫夏草同储可防冬虫夏草虫蛀；泽泻、山药与牡丹同储可防牡丹变色，防泽泻、山药虫蛀等。

（二）药品日常养护程序

1. 温湿度管理

温度和湿度是影响药品质量的重要因素，GSP要求所有药店营业场所和仓库都必须安装温湿度检测与调控系统，空调和加湿器是常用的设施设备。严格控制药店内的温湿度是保证药品质量的基本条件，也是做好药品养护的关键，一般要求上午、下午各监测一次并记录。温湿度管理流程如图2–18所示。

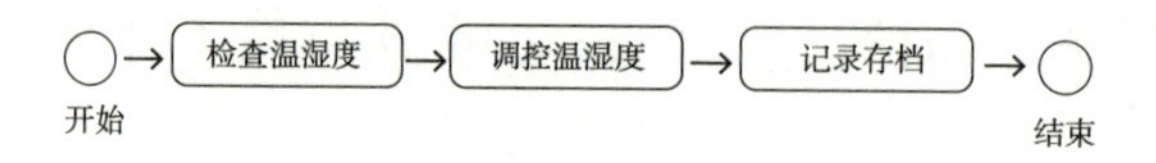

图2–18 温湿度管理流程

第一步：检查温湿度

每天检查两次温湿度。

第二步：调控温湿度

温湿度若超过标准，则利用通风和空调来调节。

第三步：记录存档

记录调整前后的温湿度。

2. 定期养护

需要注意的是，药品养护不仅仅是对库房中的药品进行养护，而且是对药店经营的所有药品进行养护，包括营业区的药品。定期养护流程如图2–19所示。

图2–19 定期养护流程

（1）制订计划。制订养护周期和养护计划。

（2）执行计划。按养护计划检查药品。

（3）辨识处理。养护检查时对存在质量问题的药品及时下架并记录，同时通知销售部门和质量管理部门。

（4）养护药品。按照质量管理部门的意见采取措施养护药品。

（5）记录存档。养护过程要详细记录并存档。

3. 近效期管理

近效期药品管理流程如图2–20所示。

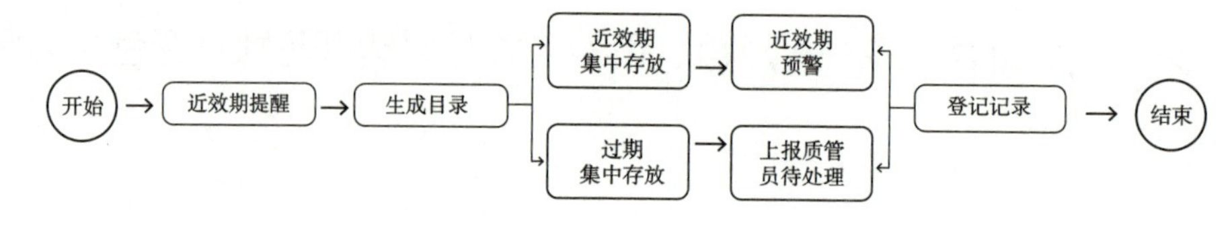

图2–20 近效期药品管理流程

第一步：近效期提醒

利用计算机系统根据药品保质期设置近效期提醒，一般距离有效期六个月的药品为近效期药品，应做到先出先销。

第二步：生成目录

查阅近效期提醒，生成近效期报表。

第三步：集中存放

将近效期药品挪到近效期药品专柜，过期药品集中存放在不合格区。

第四步：上报预警

对近效期药品要通知销售部门，从而制定近效期药品促销方案；对过期药品要通知质量管理部门，待质量管理部门集中处理。

第五步：登记记录

五、不合格药品处理

与验收发现不合格药品的拒收退回处理不同，养护过程发现不合格药品，先通知营业部撤架停售，可直接挂上“暂停销售”的黄牌。报质量管理部门复查确认，质量管理部门复查没有问题，则恢复销售;质量管理部门确认有质量问题，则应立即全面停止销售，并追回已售药品。与配送中心沟通，能申请退货的则办理退货手续，不能退货的则在填写“不合格药品台账”后销毁。具体流程如图 2–21 所示。

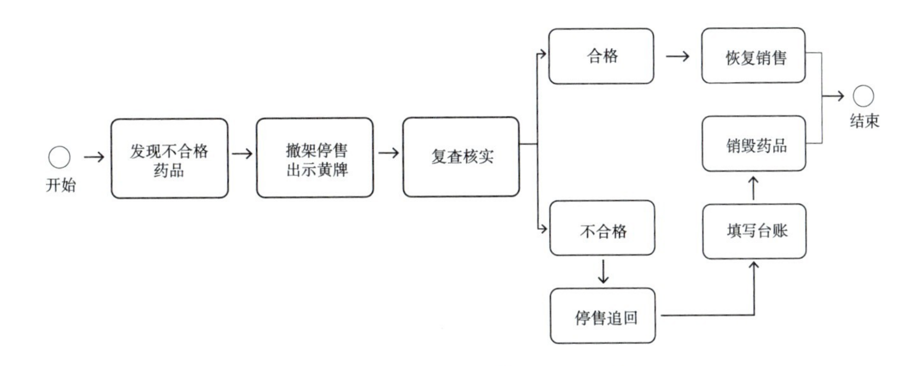

图 2–21　不合格药品处理流程

任务实施

1. 请你根据任务准备的相关内容，分析任务信息中顾客买到生产日期靠前、受潮和虫蛀、发霉药品的可能原因，并填入表 2–11 中。

表 2-11 质量问题和原因分析

质量问题	原因分析
生产日期靠前	
受潮	
虫蛀	
发霉	

2. 同心大药房店长发现由于前段时间药品保管员缺席，药品入库储存管理混乱，决定重新整理库房，刚好又新到一批验收合格的药品，请你模拟药品入库储存及整理过程（准备：货架、模拟药盒若干、出入库登记表）。

____

____

____

3. 同心大药房门店到库房领取三九感冒灵冲剂若干盒，请你模拟完成药品出库过程，并填写表 2–12。

表 2–12 同心大药房药品出入库登记表

	同心大药房药品出入库登记表				拟制	
	文件编号				审核	
	实施日期				批准	
货架号	药品名称	出 / 入库	出 / 入库量	剩余量	审批	备注

4. 同心大药房店长发现由于前段时间药品保管员缺席，现有药品质量问题较多，为了维护药店形象，保障顾客的生命与健康，现在要求找出全部有质量问题的药品，并填写表 2–13（准备：货架、模拟药盒若干、不合格药品登记表）。

表 2–13 同心大药房不合格药品登记表

时间	品名	规格	批号	生产厂商	单位	数量	单价	金额	到货时间	质量情况	处理结果	可能原因

5. 请你完成同心大药房内温湿度管理，如超过范围请对温湿度进行调控，并登记[提供温湿度仪表、温湿度登记表（见表 2-14）]。

表 2-14 同心大药房温湿度登记表

日期		温度 /℃	相对湿度 /%	超出正常值处理情况温度	采取措施后		记录人
					湿度 /℃	相对湿度 /%	
	上午						
	下午						

6. 请模拟完成药品养护工作（要求：体现制订养护计划、辨识存在质量问题的药品、记录等关键步骤；提供：模拟药盒，包含包装问题和药品外观问题等）。

____

____

____

____

7. 请对养护过程中发现的近效期药品进行登记和预警，同时填写表 2-15（提供近效期药盒若干、近效期标识贴纸若干，以及近效期药品登记表）。

表 2-15 同心大药房近效期药品登记表

检查日期	药品名称	规格	批号 / 效期	单位	数量	生产厂家	养护措施	检查人	备注（≤ 6 个月 /3 个月 /1 个月）

8. 查阅相关资料，完成中药及贵细药材的养护（提供中药饮片若干，变质药材若干）。

____

____

____

____

9. 假如你是任务信息中的店员，请你处理情景描述中出现的受潮、虫蛀和霉变的药品，并填写表 2-16。

表 2-16 同心大药房不合格药品登记表

时间	品名	规格	批号	生产厂商	单位	数量	单价	金额	到货时间	质量情况	处理结果	可能原因

任务检测

情景一：同心大药房有一批验收合格的药品，三九感冒灵冲剂 115 盒，低精蛋白锌胰岛素 30 盒，中药艾叶、橘皮若干，请你完成入库储存工作。

情景二：请你对同心大药房营业区的常温库、阴凉库、冷库进行温湿度管理。

情景三：同心大药房积存了许多感冒药品，请你按照养护计划，找出变质的和近效期的药品，并完成相应的登记表。

从上述的三个情景中，学生随机抽取一个进行角色扮演，教师结合岗位能力要求对其进行技能测试。实践检测评价表如表 2-17 所示。

表 2-17 实践检测评价表

基本信息	班级	姓名		学号		
	小组			组长		
序号	考核项目	评分标准	分值	自我评价	组内评价	教师评价
1	仪容仪表	着装干净整洁，语言文明有礼，仪态端庄大方，举止自然得体，精神面貌良好	10			
2	团队合作	分工明确，有条不紊，有效沟通，无矛盾，无争执	10			
3	药品入库储存	完成场地清理	5			
		对入库药品分类分区存放	5			
		药品上架堆码整齐	5			
		按药品储存要求遮光避光、防尘防鼠等	5			
		计算机端完成入库登记 / 完善药品出入库台账	5			
4	温湿度管理	正确读取温湿度计	5			
		采用正确方法调控温湿度	5			
		完整记录温湿度登记表	5			

续表

基本信息	班级	姓名		学号		
	小组			组长		
序号	考核项目	评分标准	分值	自我评价	组内评价	教师评价
5	近效期药品管理	查找全部近效期药品	5			
		分级贴牌预警	5			
		集中存放，挂近效期标识	5			
		记录填写完整准确	5			
6	药品质量辨识	正确辨识外包装不合格药品	5			
		正确辨识外观质量不合格药品	5			
		确认不合格药品放置于不合格药品区	5			
		记录填写完整、准确并存档	5			
总分			100			
综合评分（自我评价 20%，组内评价 20%，教师评价 60%）						

项目小结

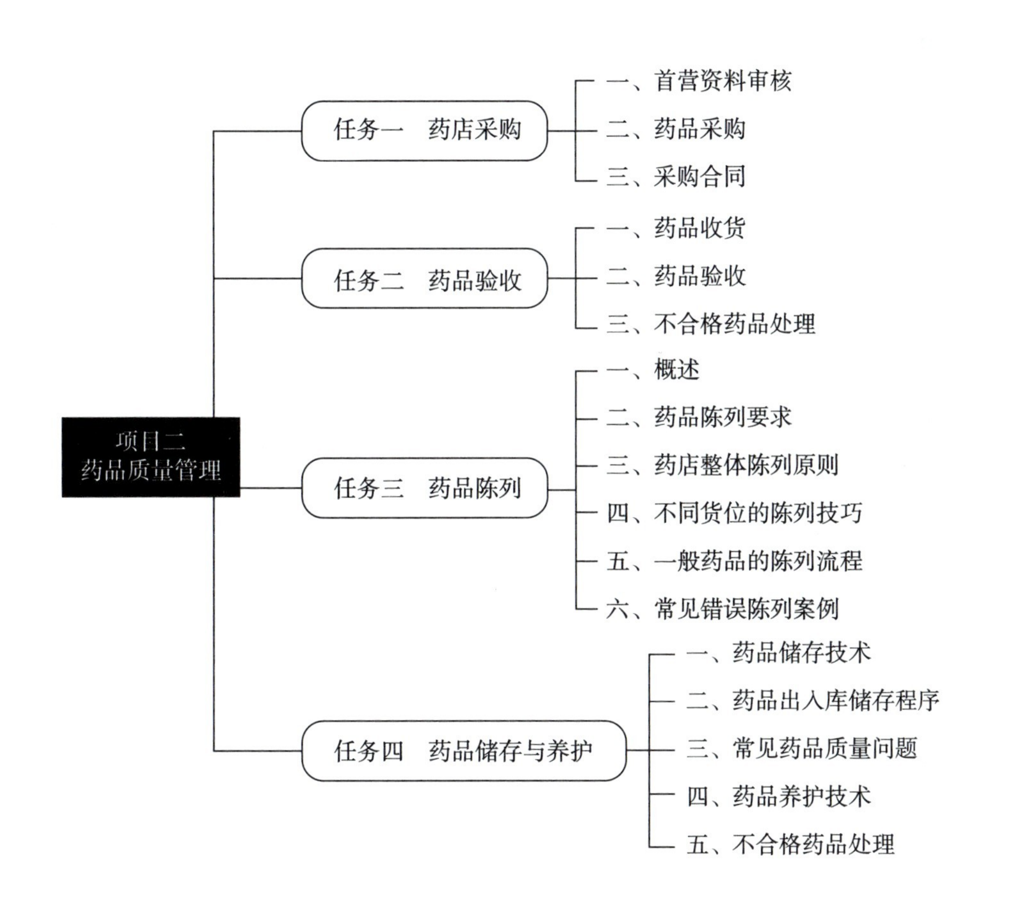

素养园地

（关键词：全局思维）

林 ×× 在药店工作多年，一直负责药品的储存管理。他对待工作认真负责，严格按照药品储存的规定执行。然而，随着药店业务的不断扩展，药品种类和数量逐渐增多，林 ×× 开始感到力不从心。为了节省时间和提高效率，他开始对药品的储存管理采取了一些简化措施，如将部分药品堆放在潮湿的角落，或者将一些畅销药品放在离柜台比较近的门口旁的货架上。

一日，有位顾客购买了一款治疗皮肤病的外用药膏。林 ×× 从货架上取出药膏交给顾客。顾客拿回家后却发现药膏已经变质，无法使用，顾客非常生气，要求药店赔偿损失。原来这个药膏虽然经常售卖，但是怕光照。由于长期放在门口旁的货架上，很容易被太阳照射，所以才导致变质。药店经理得知此事后，立即向顾客道歉，并承诺给予赔偿。同时，药店经理对林 ×× 进行了严厉的批评，要求他立即对药品储存进行整改。

林 ×× 意识到自己的错误，开始认真学习药品储存知识，严格按照规定对药品进行储存管理。全面考虑药品的储存与养护条件，了解不同药品的储存要求和特性，以及温度、湿度、光照等环境因素对药品的影响，定期检查药品的质量和有效期，对过期药品及时进行处理等。

针对该案例，作为一名医药工作者，谈谈你的感悟。

项目三　药品盘点与结算

项目概述

盘点是为了确保库存的准确性，避免药品的流失和损坏，而结算则是为了保证财务的清晰和准确。这两个环节是药店管理中不可或缺的部分，对药店经营具有重要意义。

本项目的主要内容包括认知盘点、开展盘点操作、门店收银和门店核算；认知盘点是理解盘点的重要性和基本方法；开展盘点操作则是实际执行盘点的步骤。门店收银涉及现金交易、电子支付等多种支付方式；而门店核算则是对门店的财务状况进行分析和总结。

本项目既有理论知识，也有实际操作。通过学习，学生可以更深入地理解药店经营的日常工作，为未来从事相关工作打下基础。

任务一　药品盘点

任务信息

药品盘点	
工作岗位	营业员
情景描述	王店长说："这两天大家辛苦了，现在对本次的季度盘点出现的问题做一个小结。本次盘点中贵重药品片仔癀数量损失 2 粒（价值 1 000 多元），经过后期的复盘、调查发现出现本次差错的原因主要是员工甲卖出后没有及时出库，交接班时员工乙也没有及时盘点导致，以后要杜绝此类事件的发生。"

续表

药品盘点		
学习目标	知识	1. 能说出盘点的概念及盘点的方法; 2. 能描述盘点的流程;
	能力	1. 能制订零售门店盘点计划; 2. 能按照零售门店要求进行初点、复点和抽点; 3. 能完成盘点作业操作，正确填写相关单据及盘点损益报表
	素养	1. 具备较强的岗位责任心和职业道德感; 2. 具有团队互助精神和全局意识; 3. 养成实事求是、细致入微的工作习惯
证书标准	能正确进行库存盘点和结算	
自学资源	请扫描二维码，进行线上学习 PPT　　药品盘点	

任务准备

一、药品盘点概述

（一）概念

药品盘点是指定期或不定期地对药店内的药品进行全部或部分清点，以确定该期间实际库存和差异，从而掌握该期间内的实际损耗。

（二）药品盘点的目的

药品盘点是药品零售企业经营过程中一项重要的工作环节，进行药品盘点的目的在于:

（1）确认门店本次盘点周期内的损益;

（2）掌握与控制门店库存;

（3）了解药品存放位置及缺货情况;

（4）发现并清除过期药品、近效期药品、残次品、滞销药品;

（5）做好环境整理并及时清理门店死角。

（三）药品盘点的原则

1. 真实

要求盘点所有点数，资料必须真实，不允许作弊或弄虚作假、掩盖漏洞和失误。

2. 准确

盘点的过程要求准确无误，无论是资料的输入、陈列的核查、盘点的点数，都必须准确。

3. 完整

所有盘点的流程，包括区域的规划、盘点的原始资料、盘点点数等，都必须完整，不要遗漏区域、遗漏药品。

4. 清楚

盘点过程属于流水作业，不同人员负责不同的工作，所有资料必须清楚，人员的书写必须清楚，货物的整理必须清楚，这样才能使盘点顺利进行。

5. 团队精神

盘点是全店人员都参加的营运过程。为减少停业的损失，缩短盘点的时间，门店工作人员必须有良好的配合协调意识，以大局为重，使整个盘点按计划进行。

（四）药品盘点的周期和类型

按照盘点周期来分，可分为定期盘点、临时盘点和每日盘点。定期盘点是指每次盘点间隔相同的时间，包括每日交接班、每月、每季度、每半年盘点一次。通常情况下老店一个季度盘点一次，新店 1 ~ 2 个月盘点一次。临时盘点是指遇到特殊情况不定时进行盘点，如损失事故、系统故障、经营异常等。每日盘点是指每天下班前对药品进行盘点，如对贵重药品、药材进行盘对。

按照盘点的区域来分，可分为全面盘点和区域盘点。全面盘点是指对店内所有的药品进行盘点。区域盘点是指将店内药品进行分区，然后对一定区域进行盘点，如只盘点中药斗柜。

按照盘点实施时间来分，可分为营业中盘点、营业前（后）盘点和停业盘点。营业中盘点就是即时盘点，这种盘点方式可以节省时间，主要适用于库存区盘点。营业前（后）盘点就是在营业之前或者打烊关门后进行盘点，这种盘点方式不影响正常营业，主要适用于销售区域盘点。停业盘点就是在营业时间内停业一段时间来盘点，这种盘点方式会减少一定的销售业绩，主要适用于全面盘点。

按照药品盘点的形式来分，可分为实物盘点和账面盘点。实物盘点就是实际清点存货数量。账面盘点就是记录进出账核算最终库存和金额。

（五）药品盘点的方法

零售药店盘点的方法和形式，可以分为以下几种：

1. 按货架盘点

在盘点前事先利用计算机自定义各个货架，盘点人员把货架上的药品整理好。每个货架按定义分配一张明细盘点表，用计算机打印出来，盘点人员根据明细盘点表对货架药品进行实际盘点，有错的在明细盘点表上直接修改备注。后期盘点结果完全参考明细盘点表和实际盘点表。这种方法的优点是盘点工作效率和数据输入效率都很高；缺点是必须事先定义好货架和维护定义货架药品。

2. 手工盘点

手工盘点是对每种药品进行盘点并输入计算机，统计实际数量。这种方法的优点在于只需在盘点前打印空白盘点表，不用做其他准备；缺点在于空白盘点表是计算机按照条码或者药品名称打印的，这些药品实际存放位置经常不集中，盘点人员须反复来回找药品，工作量大，效率低。

3. 盘点机盘点

盘点机盘点是利用激光条码采集设备采集药品信息，为了避免重复盘点，在盘点机扫描输入数据以后，就手工撕掉不干胶标签，这样就从根本上避免了重复盘点数据。盘点机分有线盘点机和手持式无线盘点机。盘点机盘点的优点在于工作方式简单，工作效率很高；缺点在于需要投入资金购买盘点机。

4. 小程序或 App 盘点

现代科技突飞猛进，针对盘点机购入价格高，无法实现人均一台盘点机的缺点，手机微信小程序与手机 App 盘点软件应运而生。盘点人员利用微信小程序或手机 App 进行盘点，优点是盘点效率更高；缺点是须提前投入资金开发小程序或者 App，后期需要进行维护。

二、盘点程序

第一步：盘点前的准备

1. 人员准备

盘点人员应合理分工，初点、复点、抽点人员不相同，初点、复点一般为不同岗位营业员进行，抽点为门店店长或其他负责人进行，1 人盘点、1 人记录、1 人监盘。

2. 环境准备

盘点前一日应做好环境整理工作，主要包括检查各个区位货架的药品陈列、仓库存货的位置和编号是否与盘点表一致；提前清理死角、货架的底层；将各项设施设备、工具摆放整齐。

第二步：盘点中的操作

整个盘点过程主要包括初点、复点和抽点。

1. 初点

初点人员在实施盘点时，应按照负责的区位，由左到右、由上到下展开盘点。在初点过程中注意不同特性的药品计量单位的不同，盘点时顺便观察药品的有效期，近效期药品应做好记录，过期药品应该随即取下，并做好记录。

2. 复点

复点人员手持初点的盘点表，依序检查，把差异填入差异栏。复点人员要用红色笔填表，复点人员必须是不同的责任人，复点时应再次核对盘点表是否与现场实际情况一致，不一致时，应看清药品的品名和规格，按实物进行盘点。

3. 抽点

抽点是门店店长或者其他负责人对复点结果进行抽查，抽查时要注意以下几方面：

（1）检查每种药品是否都已盘点，并有签名。

（2）抽点的药品可选择门店卖场的死角，或不易清点、促销的药品或单价高、数量多、易盗的药品，做到确实无差错。

（3）对那些在进行初点与复点后差异较大的药品要加以实地抽点。

（4）复查近效期、劣质和破损药品的处理情况。

第三步：盘点后的处理

（1）药品整理。在盘点后应对药品进行一定的陈列归位，使其保持销售状态。

（2）资料整理。将所有盘点表收回，检查汇总整理。

（3）计算盘点结果。盘点结束后要填写盘点作业的账册，即将盘点单的销售价格和数量相乘，合计出药品的盘点金额，这项工作运用计算机来完成比较方便，但是要重新复查数量栏，审核有无单位上的计量差错，对出现的一些不正常数字要进行确认，订正一些字面差错，将每张盘点表上的金额相加获得本次盘点的合计金额。

（4）分析盘点结果。药品盘点的结果一般都是盘亏，即实际值小于账面值，但是只要盘亏在规定范围内应视为正常，通常用盘亏率来计算。一般来说，盘亏率小于 2% 被视为正常。

其计算公式为：盘亏率 = 盘亏金额 /（期初库存 + 本期进货）。

（5）落实奖惩制度。当实际的盘亏率超过标准的盘亏率时，医药企业的各类人员按责任大小负责赔偿，并找出盘亏的原因，进而找到经营管理中的缺陷，提出改善对策；反之，则予以奖励，总结经验。

任务实施

模拟药店盘点工作：提前准备好药店盘点所需的环境、单据和药品等，分工分组，按照药店盘点操作流程完成下列内容。

（1）请根据所提供的 20 种药品，模拟完成药店盘点工作，并完成表 3-1；要求要有初盘人、复盘人、抽盘人，按照盘点操作流程完成盘点。

表 3-1 药店盘点表

门店名称： 货架号： 盘点单号：

序号	药品名称	规格	单位	初盘数量	销售价 / 元	金额 / 元	复盘	抽盘	备注
1									
2									
3									
4									
5									
6									
7									
8									
9									
10									

续表

序号	药品名称	规格	单位	初盘数量	销售价 / 元	金额 / 元	复盘	抽盘	备注
11									
12									
13									
14									
15									
16									
17									
18									
19									
20									
合计									

初盘人:　　　　复盘人:　　　　抽盘人:　　　　盘点时间:

（2）请在盘点结束后进行盘点后处理，并完成表 3-2。

表 3-2　盘点损溢报表

填报人:　　　　□报损　□报溢　　　　填报日期:　　年　　月　　日

序号	品名（剂型）	规格	生产企业	批号	效期	损溢数量（单位）	金额 / 元	损溢原因
所属部门意见:			质量管理部门意见:			财务管理部门意见:		

任务检测

盘点实践检测评价表如表 3-3 所示。

表 3-3 盘点实践检测评价表

基本信息	班级		姓名		学号	
	小组				组长	
序号	考核项目	评分标准	分值	自我评价	组内评价	教师评价
盘点前	环境整理	是否提前提示顾客	3			
		是否通知供应商	3			
		区域划分是否合理	3			
		是否备齐盘点单并发放到位	3			
		环境整理是否到位	3			
盘点前	单据整理	是否准备好盘点工具（纸、红色和蓝色笔）	3			
		进货单是否整理	3			
		是否整理调价单	3			
		是否整理销货单	3			
		是否整理报废品单	3			
		是否整理赠品单	3			
		是否整理移仓单	3			
	药品整理	货架药品是否整齐陈列	3			
		不允许上架药品是否已撤出货架	3			
		是否一物一价，价物相符	3			
		待处理药品是否专地堆放，并有记录	3			
		通道死角是否有药品	3			
		内仓库药品是否整理	3			
盘点中	盘点顺序是否按区域逐架逐排、由左而右、由上而下		4			
	药品清点是否一初点一复点（初点用蓝笔，复点用红笔）		4			
	复点是否更换责任人		4			
	每个药品是否都已盘点出数量和金额		4			

续表

基本信息	班级	姓名	学号			
	小组		组长			
序号	考核项目	评分标准	分值	自我评价	组内评价	教师评价
盘点后	盘点单是否全部回收		3			
	检查盘点单上签名是否齐全		4			
	检查盘点单上药品数量单位是否正确		3			
	营业现金备用金是否清点登记		4			
	盘点结果是否集中输入计算机		4			
	是否进行正常的营业准备		4			
	是否进行地面的清扫工作		4			
	店长对盘点损益结果是否有说明		4			
总分			100			
综合评分（自我评价 20%，组内评价 20%，教师评价 60%）						

任务二　收银结算

任务信息

收银结算	
工作岗位	营业员、店长
情景描述	某日下午，一位中年顾客走进药店，挑选了几样常用药品。在完成药品选购后，顾客前往收银台准备结账。收银员小明热情地接待了顾客，并开始进行收银操作。然而，在扫描过程中，小明发现某个药品的价格标签与系统显示的价格不符。他随即中止了扫描流程，向顾客解释情况，并请顾客稍作等待。

续表

<table>
<tr><th colspan="3">收银结算</th></tr>
<tr><td rowspan="3">学习目标</td><td>知识</td><td>1. 能清楚收银员应具备的专业理论和技能;
2. 能说出收银员工作纪律规范及要求;
3. 能说出收银员应具备的法律法规知识;
4. 能说出收银员工作特点，药品零售企业票据种类</td></tr>
<tr><td>能力</td><td>1. 能够根据实际案例分析收银工作的基本特点;
2. 能够分析收银员应遵循的岗位职业道德规范的内容及重要作用;
3. 能正确收银</td></tr>
<tr><td>素养</td><td>1. 养成严格谨慎、规范操作的工作习惯;
2. 具备团队协作精神，加强财务意识;
3. 具有高度的责任心和灵活应变的工作能力</td></tr>
<tr><td>证书标准</td><td colspan="2">1. 能对销售扣率和利润进行计算;
2. 能进行应收、应付的结算操作</td></tr>
<tr><td>自学资源</td><td colspan="2">请扫描二维码，进行线上学习
PPT　　收银结算流程</td></tr>
</table>

任务准备

一、收银工作

（一）概述

零售药店收银是一个专业化的岗位，是一项收取货币资金的工作，属于门店的出纳岗位。收银员是零售经营场所负责向顾客收取货币资金（包括现金、支票、各种金融支付卡、第三方网络支付等）的工作人员。顾客在收银台停留时间较长，放置随用随取的药品或与药品相关的宣传资料，有利于顾客自行挑选药品、了解相关知识，并产生咨询和购买的欲望。在顾客付账时，药店收银员应参与营销，再次向顾客推荐相应的药食同源产品，在大多数情况下，顾客会产生了解药品的想法或购买的欲望。

收银工作作为药店与顾客之间进行药品交易的最终环节，在药店的经营管理中显得格外重要。收银工作稍有不慎，就可能给药店、顾客、收银员个人造成损失。因此，加强对收银工作的管理，对每个药店来说都是十分必要的。

（二）收银工作的要求

1. 收银工作的基本内容

（1）提供结账服务。

收银员在提供结账服务时既要快捷，又要准确，同时要唱收唱付。不可损害顾客利益，将低价位的药品，以高价位收取费用；也不可损害药店的利益，将高价位的药品，以低价位收取费用。

（2）提供咨询服务。

收银员要熟练掌握收银工作技能，全面了解药店药品的情况。当有顾客咨询时，要热情礼貌待客，及时准确回答顾客的问题，并做好引导服务工作。

（3）现金管理。

由于收银工作的特殊性，收银员每天会接触大量现金，所以在工作中必须严格遵守现金管理的规章制度，不可挪用现金，不可在工作岗位上清点个人的现金等。

（4）防损防盗。

收银员也是兼职防损防盗员。在为顾客结账时，收银员应提醒顾客，带齐所有药品；并及时将顾客不需要的药品收到相应位置或归位到货架上，以免造成不必要的损耗。

（5）推广促销活动。

药店的保健品和即食中药材常有各种促销活动，收银员要熟知促销活动的内容，顾客优惠情况和注意事项。在结算时，提前告知顾客，这样既可以使其获得尊重和满足，也可以避免在后续产生误会，从而提高药店的信誉。

2. 收银工作纪律规范

（1）履行交接手续。

收银员在交班时要按照交接班手续，当面清点发票、款项和钥匙，核对无误后确认签字。

（2）严禁擅离岗位。

在工作时间内不得擅自离开工作岗位，如遇特殊情况，不得不暂离岗位，应先向店长请假，放置“暂停收银”的提示牌，提醒顾客在其他的收银台付款。

（3）收银款项，账实相符。

在收银工作中，应当规范操作，不可出现丝毫差错，每笔收银业务都务必做到账实相符。

（4）先收后付，唱收唱付。

在接待顾客过程中，不要因为排队人多而慌乱。每位顾客的所有收银手续办理清楚后，再接待下一位顾客。禁止同时处理两笔账务，以免造成不必要的麻烦。

（5）严格汇报总结制度。

收银员在工作中失误，出现长款或短款现象，不能隐瞒错误，应及时向上级汇报，迅速制定补救或改正措施，并认真总结工作经验教训，以防后患。收银工作要做到公私分明，廉洁守法，不能将账款私吞，也不能涂改、销毁收银凭证。

（三）收银结算方式

1. 现金结算

现金结算是药店收银过程中最常见、最普通的一种结算方式。现金也是企业流动性最强的资产，每天从收银员手中流入和流出的现金数量多、金额大，最容易出现问题。因此，对现金进行结算和管理是每位收银员必须掌握的一门“硬功夫”。

2. 银行卡（医保卡）结算

随着人们思想观念的逐步改变，银行卡、信用卡越来越普及，顾客在消费时常使用银行卡，尤其是使用信用卡进行结算。随着社会的不断发展，医保药品覆盖越来越广，由于医保卡具有不用带现金、方便、实用等特点，因此顾客在药店购买药品时也常使用医保卡结算。

3. 第三方移动支付方式结算

随着科技的发展和5G时代的到来，目前，全国的大部分药店都可以使用支付宝或微信进行付款交易。

收银结算操作流程如图3-1所示。

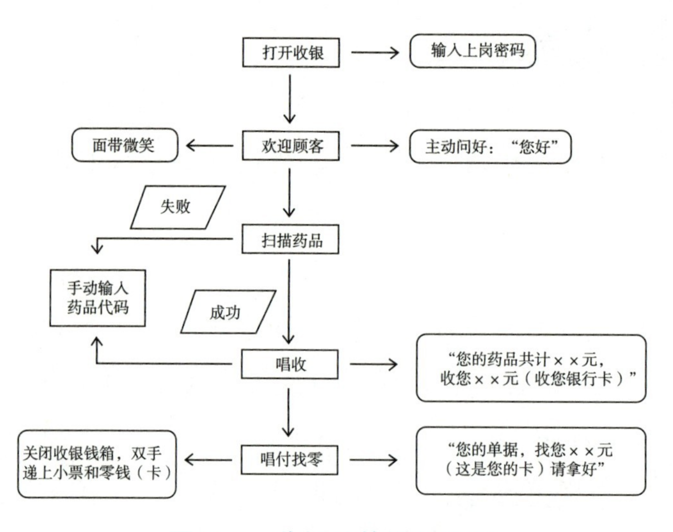

图3-1 收银结算操作流程

（四）扫描作业

扫描是收银工作的基本步骤，收银员要做好扫描工作，同时按不同情况处理好扫描失效问题，使所有药品都能够准确扫描。

1. 接过药品

收银员要快速、稳妥地接过药品，避免摔坏。

2. 开始扫描

开始扫描时，要达到以下要求：

（1）快速扫描。

以最快的速度对药品进行扫描，包括熟悉一般药品条形码印刷的位置、保持印有条形码包装面平整、条形码正对着扫描器或扫描枪等。

（2）无重复扫描。

即保证每个药品只被有效扫描一次，重复扫描会导致顾客多付款而引起顾客投诉。

（3）无漏扫描。

即保证每个药品都被有效扫描过。

3. 扫描失效处理

当发现扫描失效时，按表 3-4 所示的方法处理。

表 3-4 常见扫描失效现象及处理方法

序号	常见现象	原因	处理方法
1	条码失效	（1）条码损坏、有污渍、磨损； （2）条码印刷不完整、不清楚	（1）在同样的药品中找到正确的药品条码，用手工扫描方式解决； （2）条码重新计价印刷
2	条码无效	（1）编码可能出错； （2）条形码重复使用或假码	（1）核实药品的售价，以正确的价格售卖； （2）将例外情况记录下来，并跟踪解决
3	多种条码	（1）药品的包装改变，如买一送一； （2）促销装药品的赠品条码有效	（1）核实正确的条码； （2）跟进所有的非正确条码，必须完全地覆盖
4	无条码	（1）药品本身无条码、自制条码脱落； （2）药品条码丢失	（1）找出正确的条码，用手工扫描； （2）跟进剩余药品的条码检查

（五）消磁作业

收银员在消磁时，要以快捷的速度将每个已经扫描成功的药品进行消磁，保证每个药品都经过消磁且消磁成功，要熟悉药品消磁的正确方法和有效的消磁空间，掌握重点消磁的药品。进行硬标签手工消磁时，不能损坏药品，应轻取轻拿，消磁例外处理措施如表 3–5 所示。

表 3–5 消磁例外处理措施

序号	名称	原因	处理措施
1	漏消磁	药品未经过消磁程序	（1）药品必须经过消磁程序; （2）重新消磁
2	消磁无效	消磁的方法不正确，超出消磁的空间	（1）结合消磁指南，掌握正确的消磁方法; （2）特别对软标签的药品予以熟记; （3）重新消磁

（六）装袋作业

顾客购买药品后，如果需要装袋，收银员应为其做好装袋工作，装袋时要注意将药品分类并排列整齐，避免损坏。装袋过程中，还应掌握以下装袋技巧：

技巧一：考虑药品的易碎程度，易碎药品能分开装最好，不能分开的则放在购物袋的最上方。

技巧二：考虑药品的强度，将罐装类药品放在购物袋的底部或侧部，起到支撑的作用。

技巧三：考虑药品的轻重，重的药品放下面，轻的药品放上面。考虑药品的总质量不能超出购物袋的极限，药品的总体积不能超出购物袋，如果让顾客感觉不方便提取或有可能超重，最好分开装或多套一个购物袋。

技巧四：分开多个购物袋或多套一个购物袋；向顾客解释因其所购药品大小问题，药品需要重新包装。

二、门店核算

（一）概述

门店是医药企业实施经营销售活动的基层单位，门店核算是以门店为单位对其直接掌握的经济指标实行经济核算。

核算是商业企业经济核算的基础。通过记账、算账，对药品流通过程中的人、财、物的消耗和经济成果进行对比分析，达到以最少的人力、物力、财力消耗，取得最大的资金积累。核算的内容包括药品销售额、药品资金、差错率、费用、利润。

（二）营业费用指标核算

1. 费用率

费用率又叫费用水平，是指每百元药品销售所耗的费用。费用率把费用支出同药品销售额对应联系起来进行比较，所以更能确切衡量费用的高低。费用率是评价经营业绩和经营管理水平的综合指标，计算公式为：

费用率＝（药品流通费用额 ÷ 药品销售额）×100%

2. 直接控制的费用核算

药品流通费用又叫费用，是指企业在药品经营过程中发生的各项损耗，营业费用可分为间接费用（不变费用）和直接费用（可变费用）。

（1）间接费用。间接费用一般不随药品流转额的增减而增减，具有相对稳定性，如工资、折旧费、租金等。间接费用容易控制，一般由企业财会部门综合平衡、分摊下达。如果同一企业在各门店经营条件大致相当的情况下，往往按药品销售额比例下达分摊费用，计算公式为：

门店应摊间接费用＝企业费用率 × 销售总额企业费用率

＝（企业应分摊费用额 ÷ 企业药品销售额）×100%

（2）直接费用。随药品流转额增减而增减的费用称为直接费用，如运杂费、保管费、包装费、药品损耗等。当直接费用发生时，由门店店长签字认可，企业财务部门填制门店核算费用通知单（表 3–6）。

表 3–6　核算费用通知单

门店：　　　　　　　　　　　年　　月　　日　　　　　　　字　　第　　号

项目	摘要	金额
合计		

店长：　　　　　　　　　核算员：　　　　　　　　　制单：

例 4：某药店 9 月销售统计达到 45 万元，接销售额应摊间接费用 9 000 元，查得“费用登记簿”9 月汇总直接费用为 12 000 元，求药店 10 月实际费用率。

解：

实际费用率＝（本期实际费用开支额 ÷ 本期药品销售额）×100%

＝［（9 000+12 000）÷450 000］×100% ＝ 4.67%

（三）营业利润指标的核算

营业利润是门店在一定时期内，收到营业收入的金额抵去全部支出后的余额。余额大于零则为利润，反之则为亏损。

营业利润是销售收入减去销售成本、经营费用、销售税金后的净值。毛利是门店获得利润的主要来源，毛利存在，门店开展降本增效、提高营业利润才有现实意义。

1. 毛利

销售收入与销售成本是形成利润的主要部分，两者的差值就是毛利，计算公式为：

毛利＝药品销售收入－药品销售成本

2. 毛利率

销售毛利与药品销售额的百分比称为毛利率，其意义是“每百元药品销售额所能实现的毛利”。计算公式为：

毛利率＝（毛利 ÷ 药品销售额）×100%

例5：某个体药店8月销售额为155 000元，销售成本为108 200元，试计算药店本月实际毛利率。

解：

毛利＝155 000−108 200=46 800（元）

毛利率＝（46 800 ÷ 155 000）×100%=30.19%

利润额是门店最终经营成果的实质体现。事先，门店在落实营业利润指标计划时，上级财会部门将根据销售的有关资料给门店核定一个毛利率，这是确定门店目标利润额的基础。

3. 销售扣率

销售扣率是指实际购进价与批发价或零售价之比，或实际销售价与零售价之比，能较直观地反映药品销售的毛利水平，计算公式为：

销售扣率＝（进价 ÷ 批发价）×100%

例6：某药材公司经营的焦山楂（精制饮片）进价是6元／盒，批发价是8元／盒，则该药品的销售扣率是多少？

解：

销售扣率＝（进价 ÷ 批发价）×100%

＝（6 ÷ 8）×100% ＝ 75.00%

4. 销售税金

销售税金是按国家法律规定纳税所实现的税款，税金具有法令性，它是劳动者为社会创造价值的货币表现，是国家财政收入的来源，是按药品的销售收入计算的。

销售税金 = 销售额 × 税率

5. 营业利润

营业利润是企业利润的主要来源，是指企业在销售药品、提供劳务等日常活动中所产生的利润。其内容为主营业务利润和其他业务利润扣除期间费用之后的余额。其中，主营业务利润等于主营业务收入减去主营业务成本和主营业务应负担的流转税，通常也称为毛利。其他业务利润是其他业务收入减去其他业务支出后的差额。

营业利润 = 毛利 − 费用 − 销售税金

例 7：某药店上半年销售额为 60 万元，销售成本为 45 万元，费用率为 10%，税率为 5%，计算该药店上半年的营业利润。

解:

毛利率＝（600 000–450 000）÷600 000 × 100%=25.00%

毛利＝ 600 000 × 25%=150 000（元）

费用＝ 600 000 × 10%=60 000（元）

税金＝ 600 000 × 5%=30 000（元）

营业利润＝ 150 000–60 000–30 000=60 000（元）

任务实施

1. 结合相关信息，请你判断任务信息中小明的做法是否正确。如果你是小明，你会怎么做?

____

____

____

____

____

2. 某个体药店，第一季度销售额为 35 万元，销售成本为 20 万元，费用率为 10%，税率为 4.9%。

（1）计算该药店第一季度毛利、毛利率。

____

____

____

（2）试算出该药店第一季度营业利润。

任务检测

情景一：20×× 年 9 月，李云开始到当地某连锁药店实习，恰逢“双十一”，药店一系列促销活动使生意火爆异常，李云第一次遇到这么多人，这么大的场面。收银台前，待付款的顾客排起了长龙。李云手忙脚乱，一会儿刷医保卡，一会儿查找库存，一会儿回答顾客的问题，李云应接不暇。由于她正忙着为一名顾客装袋，没来得及回答另一位顾客提出的问题，这位顾客认为李云服务态度有问题，开始频繁指责李云。李云连忙解释，但这位顾客根本不听，并要李云向他道歉。这时，排在队伍后面的几位顾客开始埋怨收银员的动作太慢，一点小事儿都做不了。李云和顾客吵了起来，引起了周围顾客的围观，现场一阵混乱。

学生根据以上情景进行角色扮演，教师结合岗位能力要求对其进行技能测试。收银实践检测评价表如表 3–7 所示。

表 3–7 收银实践检测评价表

项目要求	考核要求	分值	得分
整体印象	仪容仪表	10	
	精神面貌	5	
	工作态度	10	
单据整理	票证是否数清	10	
	现金是否点清	10	
	往来手续是否结清	10	
核算速度	是否在规定时间内完成	5	
核算方法（公式）	是否正确	10	
核算技能	会计记账与柜组账是否相符、账簿与有关单据是否相符	10	
	核算完毕单据是否归类存放	5	
	全部药品是否归类存放	5	

续表

项目要求	考核要求	分值	得分
核算误差率	是否符合统计规律	5	
核算结果	是否对核算结果进行分析	5	
综合评价		100	
班前准备	仪容仪表、卫生、销售工具、货架整理、价格标签检查等	30	
解决方案	按要求合理解决收银环节遇到的问题	30	
收银操作	收银规范、动作精准、软件操作正确、服务周到	30	
职业素养	服务质量优异、职场整理规范	10	

情景二：以小组为单位，模拟对一家药店进行核算，并填写表 3–8。

表 3–8　核算实践检测评价表

基本信息	班级	姓名		学号		
	小组			组长		
序号	考核项目	评分标准	分值	自我评价	组内评价	教师评价
1	整体印象	仪容仪表	5			
		精神面貌	5			
		工作态度	5			
2	团队合作	分工明确，有条不紊，有效沟通，无矛盾，无争执	10			
3	信息填写	企业名称准确无误、完整，无缺漏、缩写、更改	10			
4	单据整理	票证是否数清	5			
		现金是否点清	5			
		往来手续是否结清	5			
5	核算速度	是否在规定时间内完成	10			
	核算方法（公式）	是否正确	10			
	核算技能	会计记账与柜组账是否相符、账簿与有关单据是否相符	5			
		核算完毕单据是否归类存放	5			
		全部药品是否归类存放	5			
5	核算误差率	是否符合统计规律	5			
	核算结果	是否对核算结果进行分析	10			
总分			100			
综合评分（自我评价 20%，组内评价 20%，教师评价 60%）						

项目小结

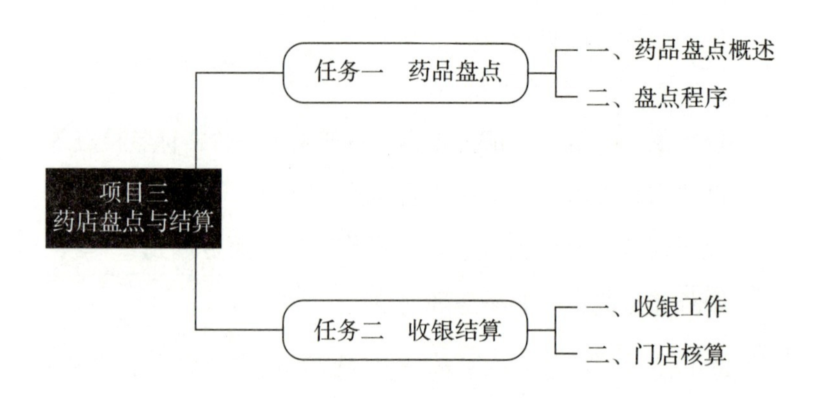

素养园地

（主题词：灵活应变）

小王是一家药店的收银员，他工作认真负责，对待顾客总是热情周到。有一天，药店里来了一位顾客，她购买了一些常备药品。结算时，小王发现这位顾客使用了一张面值为50元的优惠券，但根据药店的规定，这种优惠券最多只能抵扣20元。

小王礼貌地向顾客解释了优惠券的使用规定，并告诉她实际需要支付的金额。然而，这位顾客坚称自己之前在其他地方使用过同样的优惠券，可以全额抵扣。面对这种情况，小王没有慌张，而是耐心地向顾客解释了不同药店可能有不同的优惠政策，并表示愿意帮她核实优惠券的使用范围。

经过一番沟通，顾客终于理解有些优惠券只能在某些特定的药品上使用，并表示愿意支付实际应付的金额。然而，在支付过程中，顾客发现自己的现金不足，还差20元。小王见状，告诉顾客可以用手机支付，但顾客年龄稍大，没用过手机支付，也不懂得如何操作。小王先是征求顾客的同意，表示愿意帮她开通手机支付，然后一步一步教她如何操作，最终顺利完成了结算。

通过以上案例，谈谈你对药店收银结算的感想。

模块三

实践强化——药品零售与服务

模块导入

经过前面模块对药店知识体系的构建与经营管理理念的初步夯实，我们正式步入“实践强化——药品零售与服务”这一充满挑战与机遇的实战舞台。药店，作为直接向广大消费者提供药品及健康服务的场所，其零售环节与服务品质犹如双轮驱动，决定了药店在市场中的声誉与长期发展。本模块宛如一座桥梁，将理论知识与实际操作紧密连接，引导大家深入探索药品零售与服务的核心领域。通过本模块的实践强化训练，大家将从理论的学习者逐步转变为能够在药品零售与服务一线独立应对的专业人士，真正将所学知识转化为实际生产力，为顾客提供优质、高效、安全的药品零售与服务体验，在满足社会大众健康需求的同时，也为自身的职业发展开辟更为广阔的道路。

[3]

项目四 药品零售

项目概述

药品零售涉及西药、中药饮片和贵细药材等多个领域，西药是现代医学的重要组成部分，中药饮片和贵细药材则是传统中医文化的瑰宝。因此，药品零售从业人员应具备专业的医药知识，不仅要了解各种药品的成分功效，还要掌握药品调剂的具体要求。

任务一围绕着西药处方药零售展开，主要包括解读西药处方、开展处方调配等内容，要求学生具备专业的药品知识，能够准确理解医生的处方，并按照要求进行调配。任务二围绕着西药非处方药零售展开，包括询问病症、指导用药、进行健康宣教等内容，要求学生具备较强的服务意识，能够根据患者的病症提供合适的用药建议，并进行健康宣教。任务三围绕着中药饮片零售展开，包括解读中药处方和开展处方调配等内容，要求学生具备扎实的中药知识，能够准确理解并调配中药处方。任务四围绕着贵细药材零售展开，包括辨认贵细药材和开展贵细药材零售等内容，要求学生具备专业的贵细药材知识，能够准确识别并销售贵细药材。

任务一 西方处方药的零售

任务信息

西方处方药的零售	
工作岗位	营业员、调配员、处方审核员

续表

<table>
<tr><th colspan="3">西方处方药的零售</th></tr>
<tr><td>情景描述</td><td colspan="2">同心大药店来了一位顾客，拿了一张处方单来配药。作为营业员的小明现在正在考虑该怎么调配这张处方，我们一起帮帮他吧。

同心医院门诊处方签
费别：医保　医疗证/医保卡号：3456739　处方编号：8075801
科别：内科　日期：2021年3月15日
姓名：张XX　年龄：55岁　性别：☑男　女
住址：　电话：　过敏史：
临床诊断：消化性溃疡
Rp:
奥美拉唑肠溶 Caps.　20mg×24粒
Sig：　20mg　b.i.d　a.c.
快胃 Tab.　90片
Sig：　6片　t.i.d　a.c.
甲硝唑 Tab　100片
Sig:　2片　t.i.d　p.o.
硫糖铝咀嚼 Tap　100片
Sig:　4片　q.i.d　a.c.
医生：刘xx　审核：王xx　金额：162.7元
调配：张xx　核对：洪xx　发药：林xx</td></tr>
<tr><td rowspan="3">学习目标</td><td>知识</td><td>1. 能解释处方用语；
2. 能绘制出处方调配的步骤</td></tr>
<tr><td>能力</td><td>1. 能对处方书写的规范性进行审核；
2. 能根据处方单对药品进行调配；
3. 能完成西药处方药的销售</td></tr>
<tr><td>素养</td><td>1. 具备深厚的专业知识和良好的职业能力；
2. 具有从事药学服务工作的高度责任感和使命感；
3. 树立科学防治、安全用药的从业意识</td></tr>
<tr><td>证书标准</td><td colspan="2">1. 能介绍常用药品的作用、用途、不良反应及注意事项；
2. 能看懂处方用语</td></tr>
<tr><td>自学资源</td><td colspan="2">请扫描二维码，进行线上学习

PPT

线上问诊</td></tr>
</table>

任务准备

一、处方概述

（一）处方的定义

处方是指医疗和生产中关于药剂调制的一项重要书面文件。广义的处方是指制备任何一种药剂或制剂的书面文件。狭义的处方是由执业医师或执业助理医师为患者诊断、预防或治疗疾病而开具的用药方案，是药学技术人员审核、调配、核对并作为发药凭证的医疗文书。

1. 种类

根据处方的性质将处方分为法定处方、医师处方和协定处方，具体如表 4–1 所示。

表 4–1 处方的种类

类型	定义	适用范围
法定处方	《中华人民共和国药典》和《局颁标准》中收载的处方，具有法律的约束力	通用
医师处方	执业医师或执业助理医师在诊疗活动中为患者开具的处方	通用
协定处方	医院药剂科与临床医师根据医院日常医疗用药的需要，协商制定的处方。适于大量配制和储备，便于控制药品的品种和质量	每个单位的协定处方仅限于在本单位使用

2. 颜色

处方类型和颜色如表 4–2 所示。

表 4–2 处方类型和颜色

处方类型	处方颜色
麻醉药品处方	粉红色
急诊处方	淡黄色
儿科处方	淡绿色
普通处方	白色

3. 处方的意义

处方具有法律性、技术性和经济性三方面的意义。

（1）法律性：因开具处方或调配处方造成的医疗差错或事故，医师和药师分别负有相应的法律责任。医师有诊断权和开具处方权，但无调配处方权；药师具有审核、调配处方权，但无诊断权和开具处方权。

（2）技术性：开具和调配处方者必须由经过医药院校系统专业学习，并经过资格认定的医药技术人员担任，医师对患者的病情做出诊断后，在安全、有效、经济、合理的原则下，开具处方；药学专业技术人员对处方进行审核，按处方准确、快捷地调配药品，并发药给患者，表现出开具和调配处方的技术性。

（3）经济性：处方是药品消耗及经济收入结账的凭证和原始依据，也是患者在诊疗疾病全过程中用药报销的真实凭据。

（二）对处方的解读和识别

1. 处方的组成

处方作为一种特殊文件，由以下三部分组成：

（1）处方前记，也称为处方的自然项目。包括医疗机构名称、科别、费别、患者姓名、性别、年龄、住院或门诊号、就诊日期、临床诊断等项目，麻醉药品和一类精神药品处方还应包括患者的身份证号、代办人姓名和身份证号。

（2）处方正文，正文以 Rp 或 R（拉丁文 Recipe，“请取”的缩写）开始，分列药品名称、剂型、规格、数量、用法、用量。药品的名称可以写通用名或药品名。

（3）处方后记，包括医师、配方人、核对人、发药人的签名及发药日期、药品金额等。目前，部分医疗机构使用电子处方，医师打印的电子处方格式要与手写处方一致，并应有严格的签名管理程序。必须设置处方或医嘱正式开具后不能修改的程序。

2. 处方的格式

处方的格式如图 4–1 所示。

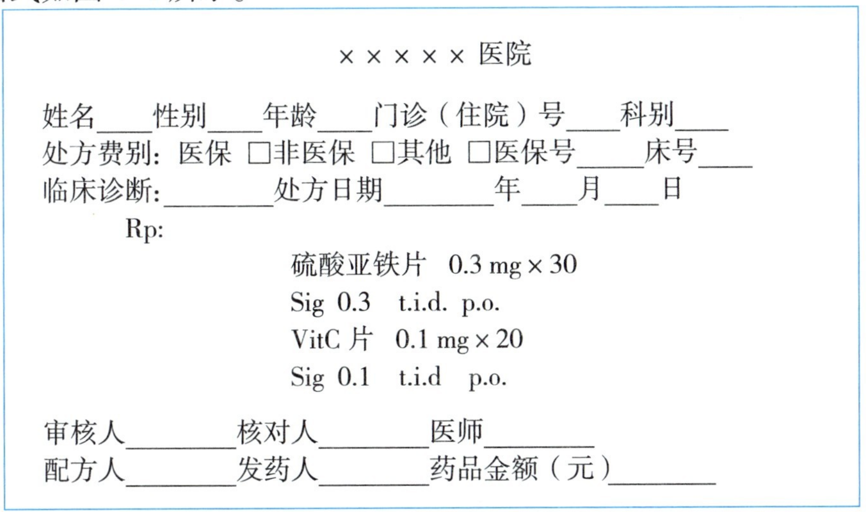
× × × × × 医院

姓名____性别____年龄____门诊（住院）号____科别____
处方费别：医保 □非医保 □其他 □医保号_____床号____
临床诊断：________处方日期________年____月____日

Rp:

硫酸亚铁片 0.3 mg × 30
Sig 0.3 t.i.d. p.o.
VitC 片 0.1 mg × 20
Sig 0.1 t.i.d p.o.

审核人________核对人________医师________
配方人________发药人________药品金额（元）________

图 4–1 处方的格式

3. 处方中常见的外文缩写及中文含义

医师在书写处方时，药品的用法（包括剂量、服用时间及用药次数）和调配方法等内容，常采用拉丁文缩写或英文缩写。药师应掌握处方中常用的外文缩写，并理解其含义（表4–3）。

表4–3 处方中常见的外文缩写及中文含义

外文缩写	中文含义	外文缩写	中文含义	外文缩写	中文含义
aa	各、各个	Inj.	注射剂		
a.c.	餐前（服）	i.v.	静注	p.m.	下午
ad.	加到，至	i.v.gt.	静滴	p.o.	口服
a.m.	上午、午前	kg	千克	p.r.n.	必要时
a.q.	水、水剂	Liq.	液，溶液	S.O.S.	需要时
aq.dest	蒸馏水	mg	毫克	q.d.	每日
b.i.d	每日2次	mcg	微克	q.h.	每时
t.i.d	每日3次	μg	微克	q.4h.	每四小时
Caps.	胶囊（剂）	ung.	软膏剂	q.i.d.	每日4次
Ol.	油剂	Mist.	合剂	q.n.	每晚
Co.	复方、复合	mL	毫升	q.o.d	隔日1次
Dil.	稀释，稀释	NS	生理盐水	q.s.	适量
Dos.	剂量	o.d.	右眼	Sig.	标记溶液
g	克	o. l.	左眼	Sol.	一半
gtt.	滴、量滴、滴剂	o.u.	双眼	St.	立即
i.h.	皮下注射	OTC	非处方药	Tab.	片剂
h.s.	临睡时	p.c.	餐后	U	单位
i.m.	肌内注射	pH	酸碱度		

二、处方调配

1. 处方药销售及线上问诊流程

（1）处方药销售流程（图4–2）。

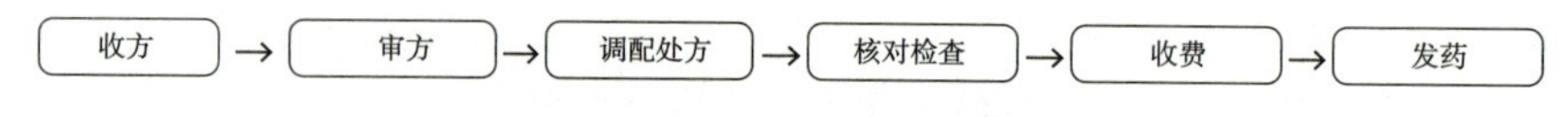

图4–2 处方药销售流程

（2）线上问诊操作流程（见图4–3）。

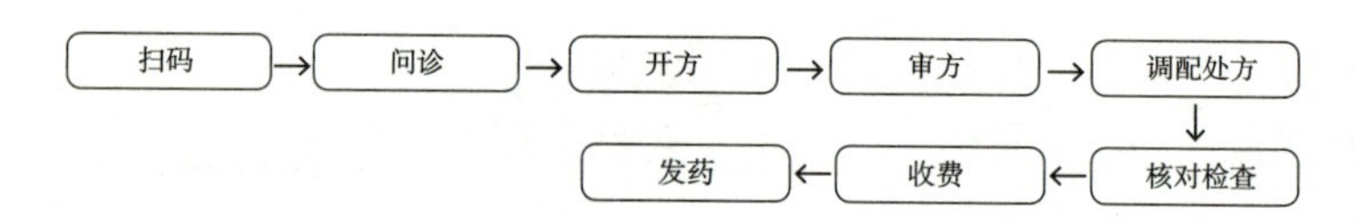

图4–3 线上问诊操作流程

2. 操作要点

（1）对接收的处方进行审核。

①处方有无处方规范审核师或执业助理医师签章？有无医疗机构盖章？涂改处是否有执业医师或执业助理医师盖章？

②用药安全审核。药品名称是否正确？用药剂量是否正确？是否重复用药？如需超量者，必须经过医生再次签字方可调配。特别注意儿童、老人、孕妇、哺乳期妇女的用药剂量问题。用药方法是否正确（给药途径、间隔时间、注射速度、病人肝肾功能状态、过敏史、病情等）？处方中有无配伍禁忌的药品？药品相互作用和不良反应（药效的增强、协同、拮抗、减弱作用，药品的副作用及毒性）。

③处方内容是否完整？书写是否规范？字迹是否清晰？执业药师对处方审核后必须签字，签字后依据处方正确调配、销售药品。对处方不得擅自更改或代用，对有配伍禁忌或超剂量的处方应当拒绝调配、销售，必要时，经处方医师更正或重新签字，方可调配、销售。

（2）调配处方。

①谨慎读方，严防药名混淆。

②严守规程，实行“三看三对一取药”。即取药前“看”所取药品标签药名，“对”照处方药名，“取”药时“看”所取药名称，“对”照药品性状，取药后“看”所取药品包装，“对”照所配药品。取药完毕，用于存放药品的容器或其他包装应及时送回原定位置，恢复原样。处方中各种药品配齐后，要仔细核对一遍。调配取药应按处方自上而下逐个进行，自核自对则应自下而上查对。

③用法、用量及用药注意事项标注要明确易懂。

（3）处方药品的核对。

①核对药品。

②核对规格与数量。

③核对药品的用法与用量及有关注意事项。

（4）发药时提醒患者用药注意事项。

指导患者合理用药，必须交代用药注意事项，调配使用的药品包装上应加以标注。

①临调配时，由调剂人员直接书写在药品包装的“备注”栏内。

②调配时，配贴用药注意卡。注意卡上要交代的内容常有：不宜突然停药；不宜从事驾驶车辆、管理机器及高空作业等有危险性的工作；不宜饮牛奶；不宜饮酒；避免皮肤直接接受阳光直射，以免引起过敏；用药前注意振摇均匀；要把整片药用水吞服；应放在舌头下面含化，让其自然溶化吸收；应先嚼碎后再用开水送服，不宜把整片药吞下；

本品漱口用，每日数次，不要咽下；服药后应多饮开水；服药期间，大小便颜色可能有变化等。

三、常见疾病用药指导

1. 消化性溃疡

（1）治疗消化性溃疡的常见药物有抗酸药、抑制胃酸分泌药、胃黏膜保护剂，抗生素类药和中成药，具体如表 4–4 所示。

表 4–4 消化性溃疡常用药物及用药指导

分类及常用药物	用药指导
抗酸药 碳酸氢钠 氢氧化铝 三硅酸镁 铝碳酸镁	多在餐后 1 ~ 2 小时及睡前服用。抗酸药不应与酸性食物及饮料同时服用，还应避免与牛奶同时服用，因二者可相互作用形成络合物。长期服用铝剂可致骨质疏松，为减轻不良反应常用其复方制剂
抑制胃酸分泌药 1.H2 受体拮抗剂 西咪替丁 雷尼替丁 法莫替丁	常作为一般性溃疡活动期的首选治疗、根除幽门螺杆菌疗程结束后的后续治疗，多在餐中、餐后或睡前服用，若需同时服用抗酸药，二者用药间隔应在 1 小时以上。妊娠、哺乳期妇女禁用，不宜与促胃动力药吗丁啉、西沙必利合用
2. 胃泌素受体拮抗剂丙谷胺	餐前 15 分钟服用，不良反应较少，偶有口干、便秘、瘙痒、失眠、腹胀、下肢酸胀等；胆囊管及胆道完全梗阻的患者禁用
3. 质子泵抑制剂（PPI） 奥美拉唑 兰索拉唑 雷贝拉唑	宜在早、晚餐前服用，常见不良反应有恶心、口干、腹泻、腹胀等，偶有疲乏、头晕嗜睡的反应，故需高度集中注意力工作者慎用，对本品过敏者、严重肾功能不全者及婴幼儿禁用
抑制胃酸分泌药 4. 胆碱受体阻断剂 东莨菪碱 溴丙胺太林 哌仑西平	对胃壁细胞的 M 受体有高度亲和力而抑制胃酸分泌，宜在餐前服药，常见不良反应有轻度口干、眼睛干燥及视力调节障碍等；孕妇、青光眼和前列腺肥大患者禁用
胃黏膜保护剂 铝酸铋 枸橼酸铋钾 果胶铋	餐前半小时或临睡前服用，服用后粪便可变黑，因过量蓄积引起神经性毒性，不宜长期服用，妊娠期和哺乳期妇女、严重肾功能不全者禁用

续表

分类及常用药物	用药指导
抗生素类药 克拉霉素 阿莫西林 甲硝唑 左氧氟沙星	根除幽门螺杆菌时从中选两种抗生素类药，并在PPI、铋剂中任选一种（三联方案）或各选一种（四联方案）配合使用；抗生素类药大都有恶心、呕吐、食欲不振等消化道不良反应，为减轻胃肠刺激应在餐后立即服用；阿莫西林用药前应做青霉素皮试，用药中要注意有无迟发性过敏反应的发生，如皮疹等
中成药 快胃片 和胃止痛胶囊	制酸和胃，收敛止痛，理气和胃

（2）健康宣教。

①了解疾病 。

a. 向患者及其家属解释引起消化性溃疡的病因和诱因。

b. 对非甾体抗炎药导致的消化性溃疡应暂停用药或遵医嘱换用塞来昔布等对胃黏膜损伤较小的非甾体抗炎药，同时加服PPI或胃黏膜保护剂。

②定期监测。

a. 用药期间，应注意药品的不良反应。

b. 一般应在根除幽门螺杆菌治疗结束至少4周后复查幽门螺杆菌。

c. 针对抗生素类药的选用，提倡在治疗前做过敏试验。

③饮食治疗。

a. 对消化性溃疡患者要给予富有营养、易消化、低糖、低脂肪的饮食，定时定量、少食多餐、细嚼慢咽，保持有规律地进食，禁忌饥饱不定、暴饮暴食，避免浓茶、咖啡、浓肉汤、过酸的水果及煎炸食品，避免生、冷、硬、辛辣等刺激性食物，忌烟酒。

b. 预防幽门螺杆菌感染，首先要切断细菌传染途径，避免口口传播，餐具要定时消毒，饭前便后要洗手，多人共同进餐时提倡实行分餐制。

④运动治疗。

生活要有规律，工作宜劳逸结合。病变活动期或有并发症时需要绝对休息。平时保证充足的睡眠和休息。在溃疡病活动期应注意休息，工作勿过度劳累，适当锻炼，增强体质。

2. 高血压

（1）治疗高血药的常见药物有利尿药、β受体阻滞剂、钙通道阻滞剂（CCB）、血管紧张素转换酶抑制剂（ACEI）、血管紧张素Ⅱ受体阻滞剂（ARB）、α受体阻滞剂，具体如表4–5所示。

表 4-5 高血压常用药物及用药指导

分类及常用药物	用药指导
利尿药 1. 噻嗪类 氢氯噻嗪 氯噻酮 吲达帕胺	不良反应有低血钾症和血脂、血糖、尿酸代谢紊乱等，痛风患者禁用
2. 保钾利尿剂 螺内酯 氨苯蝶啶 阿米洛利	可引起高血钾，不宜与血管紧张素转换酶抑制剂合用，肾功能不全者、高血钾症患者禁用
β 受体阻滞剂 普萘洛尔 美托洛尔 阿替洛尔 倍他洛尔 比索洛尔	不良反应主要有心动过缓、乏力、四肢发冷；急性心力衰竭、支气管哮喘、病态窦房结综合征、房室传导阻滞和外周血管病患者禁用
钙通道阻滞剂（CCB） 硝苯地平 尼卡地平 尼群地平 非洛地平 氨氯地平 拉西地平 维拉帕米	心力衰竭者禁用；不良反应主要有心率增快、面部潮红、头痛、下肢水肿等；维拉帕米和地尔硫䓬不宜在窦房结功能低下或心脏传导阻滞患者中应用
血管紧张素转换酶抑制剂（ACEI） 卡托普利 依那普利 贝那普利 雷米普利 福辛普利	限钠或联用利尿剂可使其起效迅速和作用增强；不良反应主要是刺激性干咳和血管性水肿等，停用后可消失；高血钾症患者、妊娠妇女和双侧肾动脉狭窄患者禁用
血管紧张素Ⅱ受体阻滞剂（ARB） 氯沙坦 缬沙坦 伊贝沙坦 替米沙坦	低盐饮食或与利尿剂联合使用能明显增强疗效，多数随剂量增大其降压作用增强，安全范围较大；与 ACEI 相比作用类似，最大优点是无刺激性干咳不良反应，宜长期应用

（2）健康宣教。

①了解疾病。

向患者及其家属解释引起原发性高血压的生理、心理、社会因素及高血压对机体的危害，以引起其高度重视，促使其长期坚持饮食、运动、药品治疗，将血压控制在正常水平，以减少对靶器官的进一步损害。

②定期监测。

提醒患者或其家属注意药品的不良反应，有明显不良反应需立即停药并及时就诊。教会其正确使用血压计定时测量血压并记录，成年人一般主张血压控制目标值至少在 140 / 90 mmHg 以下，老年人和糖尿病患者标准单独列出。定期到门诊随访复查，注意有无心、脑、肾、视网膜等靶器官功能受损表现，如病情变化要随时就医。

③饮食治疗。

清淡易消化低热量饮食，控制体重，使体重指数（BMI）在理想范围内。

a. 减少钠盐摄入，每天摄入量不超过 6 g；

b. 补充钙和钾盐，多吃含钾的新鲜蔬菜水果，多饮牛奶和摄入豆制品补充钙质；

c. 减少脂肪摄入，以植物油为主，避免进食富含胆固醇的食物，摄入脂肪的热量应控制在总热量的 25% 之内；

d. 限制饮酒，饮酒量每日不可超过相当于 50 g 乙醇的量。

④运动治疗。

适当运动，劳逸结合，学会自我调节，保持心理平衡。血压较高或有并发症的患者需卧床休息，保证充足睡眠，且保持环境安静，光线柔和。适当的运动方式包括散步、打太极拳、慢跑、做健身操等。避免剧烈运动。选择适当的文化娱乐活动，如听轻音乐、看画报、下棋、写字、绘画等，避免大脑过度兴奋。

3. 高血糖

（1）治疗高血糖的常见药物有胰岛素和口服降糖药。高血糖常用药物及用药指导如表 4–6 所示。

表 4–6　高血糖常用药物及用药指导

分类及常用药物	用药指导
胰岛素	易被消化酶破坏，口服无效，宜采用皮下注射或静脉注射给药。皮下注射宜选择皮肤疏松部位，如上臂、大腿内侧、腹部等。胰岛素需要低温保存。未开封的胰岛素应放在冰箱 4 ~ 8℃保存，正在使用的可在室温下（低于 28℃）使用

续表

分类及常用药物	用药指导
口服降糖药 1. 促胰岛素分泌剂 甲苯磺丁脲 格列本脲 格列齐特 格列美脲	主要不良反应为低血糖反应和胃肠道反应；60 岁以上的老年人（易发生低血糖反应）慎用；指导服药时间为早餐前半小时或早、晚餐前半小时
格列奈类 瑞格列奈 那格列奈	主要不良反应为低血糖反应，用药中需要预防，通常在餐前 15 分钟内服用
2. 非促胰岛素分泌剂 二甲双胍	容易出现厌食、恶心、腹泻、口中有金属味等胃肠道反应，餐中、餐后服药可减轻不良反应;因干扰维生素 B12 的代谢，可引起巨幼细胞贫血;用药期间饮酒易引起低血糖反应
吡格列酮 罗格列酮	主要不良反应为胃肠道反应、水肿、体重增加、肝功能损害，心力衰竭和肝病患者慎用，因能损害肝脏，应该定期做肝功能检查
阿卡波糖	主要不良反应为腹胀、排气增多或腹泻，应在进食第一口食物时服用

（2）健康宣教。

①了解疾病。

糖尿病是一种需终身治疗的疾病，治疗目的在于控制血糖，减少、延缓并发症，提高生存质量，延长寿命。糖尿病的治疗强调早期、长期、综合治疗及治疗方法个体化原则。国际糖尿病联盟提出糖尿病的治疗包括饮食控制、运动疗法、血糖监测、药品治疗和糖尿病教育五个要点。其中，在药品治疗中各降糖药均为处方药，使用时要严遵医嘱，不能随意自行更换药品。

②定期监测。

治疗过程中做好血糖监测，定期检查血压、血脂、肝肾功能、眼底及神经系统，发现情况及时处理。大多数降糖药容易出现低血糖反应，表现为饥饿、心慌、头晕、出汗、震颤甚至休克，用药期间提醒患者注意是否有上述症状出现，如果出现应立刻平卧并补充葡萄糖。

③饮食治疗。

饮食治疗是各类型糖尿病基础治疗所采取的首要措施，饮食治疗的原则是控制总热量和体重。在饮食治疗过程中应注意以下几点：

a. 按时定量进食，有效地控制血糖和减少低血糖反应；

b. 严格控制总热量；

c. 严格控制各种甜食；

d. 限烟限酒，禁止酗酒；

e. 限制进盐量，食盐的摄入量每天不超过 6 g；

f. 控制体重，每周体重增长量大于 2 kg 时应及时就医。

4. 高脂血症（即高血脂）

（1）用药指导。

①定期检查血脂和安全指标。

多数调节血脂药具有肝毒性和肌毒性，长期服用可发生肝损伤、横纹肌溶解和急性肾衰竭。长期服药者应 3 ~ 6 个月监测 1 次肝功能和肌酸激酶（CK），调整剂量者应 1 ~ 2 个月监测 1 次。

②联合用药应慎重。

掌握好用药指征、剂量和服用方法，密切监测肝毒性和肌毒性。

③初始剂量应小。

宜从小剂量起，告知患者药品副作用的危险性，关注并及时报告所发生的肌痛、触痛或肌无力。

④掌握适宜的服药时间，晚餐时或晚餐后服药有助于提高疗效。

（2）健康宣教。

①了解疾病。

高脂血症的主要危害是导致动脉粥样硬化，是罹患心脑血管疾病重要的危险因素，应引起高度重视。患者要调节生活方式，如长期控制饮食、增加运动、戒烟等方式调节，必要时配合药品治疗。

临床混合型血脂异常比较多见，常需要联合其他作用机制不同的调脂药品，临床多采用他汀类或贝特类药品联合其他降脂药的方案。

②定期监测。

在药品治疗时必须提醒患者及其家属注意观察药品的不良反应，并定期复查血脂、肝功能、肾功能及肌酶。

③饮食治疗。

饮食治疗是高脂血症的基础治疗，无论是否应用调脂药品治疗，都必须进行饮食治疗。

合理的膳食结构一般原则是低能量、低脂肪酸、低胆固醇、低糖、高纤维膳食，要根据应达到的理想体重及劳动强度等制定合理的每日用餐总热量。限制饮酒，禁止饮用烈性酒。

④运动治疗。

运动治疗也是高脂血症的基础治疗，增加有规律的体力活动，尤其是有氧运动，如步行、慢跑、游泳、骑自行车、做体操等，有助于控制体重，使血脂水平降低。运动方式和运动量应适合患者的具体情况，注意循序渐进、持之以恒，运动强度不宜过大，不要超过安全最高心率（170– 年龄）。

任务实施

1. 请选出表 4–7 中不同颜色的处方对应的处方名称，在正确的处方名称括号里画“√”。

表 4–7 处方颜色和处方名称

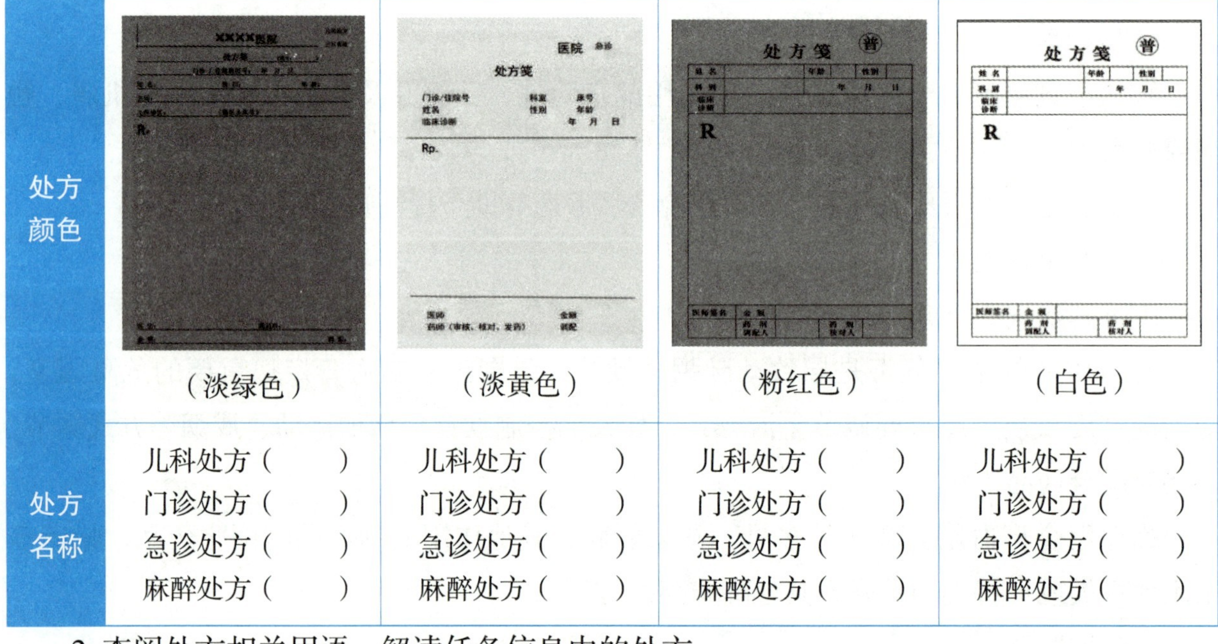

处方颜色	（淡绿色）	（淡黄色）	（粉红色）	（白色）
处方名称	儿科处方（ ） 门诊处方（ ） 急诊处方（ ） 麻醉处方（ ）	儿科处方（ ） 门诊处方（ ） 急诊处方（ ） 麻醉处方（ ）	儿科处方（ ） 门诊处方（ ） 急诊处方（ ） 麻醉处方（ ）	儿科处方（ ） 门诊处方（ ） 急诊处方（ ） 麻醉处方（ ）

2. 查阅处方相关用语，解读任务信息中的处方。

____

____

____

3. 查阅相关资料，判断图 4–4 所示的处方格式书写是否正确，用药是否合理，并完成处方调配。

同心医院门诊处方签

费别：医保　医疗证/医保卡号：3456739　处方编号：8075801

科别：内科　日期：2021年3月15日

姓名：张XX　年龄：55岁　性别：☒男　女

住址：　电话：　过敏史：

临床诊断：消化性溃疡

Rp:

奥美拉唑肠溶 Caps.　20mg×24粒

Sig:　20mg　b.i.d　a.c.

快胃 Tab.　90片

Sig:　6片　t.i.d　a.c.

甲硝唑 Tab　100片

Sig:　2片　t.i.d　p.o.

硫糖铝咀嚼 Tap　100片

Sig:　4片　q.i.d　a.c.

医生：刘xx　审核：王xx　金额：162.7元

调配：张xx　核对：洪xx　发药：林xx

图 4–4　处方格式

任务检测

情景一：顾客李某，女性，65岁，患有糖尿病10年，近5年伴发高血压和高脂血症。近期医生建议使用吡格列酮治疗，顾客来药店购买此药。

情景二：顾客李某，50岁，患高血压6年，长期服用卡托普利每日25 mg，每天2次早晚服用；尼群地平每日10 mg，每天1次早晨服用。每天8点左右平均血压约为125 / 75 mmHg，16点左右平均血压约为135 / 90 mmHg，20点平均血压约为140 / 95 mmHg，血压波动较大。顾客来药店买药并同时向店员询问注意事项。

情景三：顾客李某，1周前在医院查体时被诊断为高脂血症，以甘油三酯升高为主。自述1周来曾服用苯扎贝特治疗，因出现恶心、腹胀等不良反应而自行停用，来药店咨询，值班店员与其交流后，建议其改服烟酸缓释胶囊，并对其进行详细的用药指导和健康教育，顾客得到满意答复，购药后离开。

从上述的三个情景中，学生随机抽取一个进行角色扮演，教师结合岗位能力要求对其进行技能测试。实践检测评价表如表4–8所示。

表 4-8 实践检测评价表

基本信息	班级	姓名	学号			
	小组		组长			
序号	考核项目	评分标准	分值	自我评价	组内评价	教师评价
1	仪容仪表	着装干净整洁，语言文明有礼，仪态端庄大方，举止自然得体，精神面貌良好	10			
2	流程操作	流程操作熟练满分，凡漏掉一个流程扣 10 分	10			
3	西药处方药销售	完成处方规范审核和安全审核的内容，每点 1 分	10			
		从药房的货架上调配药品，药品调配错误直接扣 10 分	10			
		（1）药品的主要作用 10 分；（2）药品的临床应用 10 分	20			
		说明服用这个药品后常见的不良反应	15			
		药品的使用注意事项	15			
		疾病的健康宣教内容	10			
总分			100			
综合评分（自我评价 20%，组内评价 20%，教师评价 60%）						

任务二 西方非处方药的零售

任务信息

西方非处方药的零售	
工作岗位	营业员

续表

<table>
<tr><th colspan="3">西方非处方药的零售</th></tr>
<tr><td>情景描述</td><td colspan="2">每当季节交替，流感就会趁虚而入。近期到同心大药房购买感冒咳嗽类药物的患者越来越多。今天一大早，顾客王女士急匆匆走进同心大药房。据王女士描述，最近她出现打喷嚏、鼻塞、流清涕、咽痒、鼻咽部不适、身冷、轻度恶寒症状，有时还伴有咳嗽。如果你是同心大药房的一名营业员，你会如何接待王女士？又应如何做好药品销售？</td></tr>
<tr><td rowspan="3">学习目标</td><td>知识</td><td>1. 能阐明非处方药品零售的工作过程；
2. 能描述常见疾病的症状；
3. 能概括常见疾病治疗药品的作用、用途、主要不良反应</td></tr>
<tr><td>能力</td><td>1. 能根据疾病的症状推荐非处方药；
2. 能根据非处方药的销售流程销售药品；
3. 能为顾客提供安全用药指导；
4. 能为顾客提供护理指导</td></tr>
<tr><td>素养</td><td>1. 具备运用唯物辩证思维进行问症（病）荐药的能力；
2. 具备较好的沟通表达能力和较强的岗位责任心；
3. 树立悉心照护、耐心细致、团结协作的从业意识</td></tr>
<tr><td>证书标准</td><td colspan="2">1. 能根据顾客需求推荐药品；
2. 能介绍常用药品的作用、用途、不良反应及注意事项</td></tr>
<tr><td>自学资源</td><td colspan="2">请扫描二维码，进行线上学习
PPT　　西药非处方药零售</td></tr>
</table>

任务准备

一、非处方药零售概述

（一）非处方药概述

（1）概念：非处方药是指不需要执业医师或执业助理医师开具处方，一般公众可凭自我判断，按照药品标签及使用说明就可自行使用的药品。

（2）分类：根据药品的安全性将非处方药分为甲、乙两类，二者的区别如表 4-9 所示。

表 4–9 甲、乙非处方药区别

类型	颜色	销售企业	使用要求
甲类	红色	具有药品经营许可证，配备执业药师或药师以上技术人员的社会药店	须在药店由执业药师或在药师指导下购买和使用
乙类	绿色	除了社会药店和医疗机构药房外，还可在经过批准的普通零售商业企业零售的非处方药	无须医师或药师的指导就可以购买和使用

（二）工作前的准备

1. 职业形象准备

医药药品是用于防病治病、康复保健的特殊药品，药品从业人员，尤其是和顾客有接触的药品销售人员得到顾客的绝对信任是顺利开展工作的基础。所以要求药品销售人员每天上岗前必须整理自己的仪容仪表，做到整洁、热情、大方、富有朝气。

（1）工作步骤。

①穿好整洁的职业服装，佩戴胸卡。

②面对镜子，振奋精神，修饰好自己的仪表。

③规范站姿，微笑迎接顾客。

（2）基本要求。

详见项目五任务一顾客接待，此处不再赘述。

2. 环境准备

医药药品的营业环境必须整洁、明亮、舒适，让顾客一到店就有一种温馨、清爽、健康的感觉。为此应做好以下工作：

（1）清洁空气，调节温度。

（2）清洁场地，整理台面。

（3）播放音乐，调节灯光。

（4）摆放座椅，整理书刊。

（5）设施和药品准备。

①整理补货。

②查验标签。

③物品准备。营业前，营业员要根据自己所出售医药药品的操作需要，准备好或查验好售货工具和用品，并按习惯放在固定适当的地方，以便售货时取用。

需准备或查验的售货用具大致有以下几类：

a. 计价收银用具。常用的计价收银用具有电子收银机、电子计算器、复写纸、发票等。对其必须常校验、检查。

b. 计量用具。常用的计量用具主要是指电子秤、戥子、尺、天平等度量衡器。对其不仅要正确使用，还必须注意依法使用。

c. 包装用具。如纸、袋、盒、绳、夹、卫生药袋等。在进行包装时，要注意大小适宜，包扎牢靠，符合卫生标准。同时，还要注意有利于保护环境。

d. 宣传用具。宣传用具，在此是指与医药药品相关的广告、说明、介绍及图片、声像资料、软件等。在上岗之前，应将其认真备齐，以供赠送或顾客索取。

（三）接待顾客

详见项目五任务一顾客接待，此处不再赘述。

二、西药非处方药零售流程

西药非处方药零售流程如图 4–5 所示。

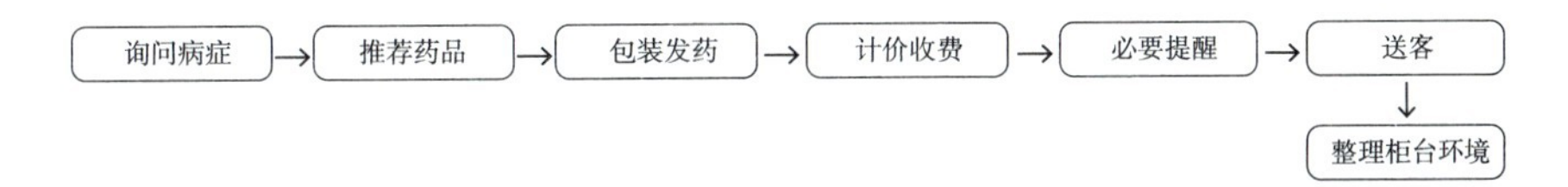

图 4–5 西药非处方药零售流程

（一）询问病症

1. 询问病症

患者感受最明显、最严重的症状及其发病时间、部位、性质、持续时间及伴随症状；症状是持续性还是间歇性；是进行性加重还是逐渐减轻或持续未变；是规律性或周期性发作，还是时愈时发；有哪些症状减轻或消失，又有哪些新症状出现等。

2. 询问病前情况

患者到药店来之前是否进行过检查和治疗，结果怎样。若已进行过治疗，则应问明其使用过的药品名称、剂量、疗效及现状。还要问患者过往的健康状况，有过何种疾病史，预防接种疫苗情况及手术、外伤、中毒和过敏史等具体情况。

3. 询问病后情况

患者饮食、睡眠、体重、体力、大小便及精神状态有无改变等。

4. 必要时需了解患者的一般情况

如社会经历、职业及工作条件，起居与卫生习惯、伙食规律与质量、烟酒嗜好与摄取量；个人性格及有无精神创伤；婚否、对方健康状况、性生活情况、夫妻关系等；双亲与兄弟、姐妹及子女的健康与疾病状况，特别应询问是否有与患者同样的疾病，有无与遗传有关的疾病等。

5. 必要时需了解女性患者的相关情况

月经初潮年龄、月经周期和经期天数、经血的量和色、经期症状、有无白带、末次月经日期、闭经日期、绝经年龄，妊娠与生育次数和年龄，人工或自然流产的次数，有无死胎，手术及计划生育情况等。

通过问病，初步判断疾病的原因（如外伤、中毒、感染等）、诱因（如气候变化、环境改变、饮食起居失调）及其病症急缓、属何种病症、有无过敏史等情况，根据问病结果合理推荐用药。

如遇无法叙述清楚病情的情况，如代人购药、患者是儿童等，则应视具体情况推荐选购安全性高的药品。

（二）推荐药品

1. 药品推介的基本原则

①需求第一的原则；②推销药品使用价值的原则；③诚信为本的原则；④尊重客户的原则。

2. 药品推介的内容

（1）将药品特征详细地介绍给顾客，要以准确的语言向顾客介绍药品的疗效、包装、使用的方便性及经济性、外观优点及价格等。

（2）充分分析药品的优点。针对不同类型、剂型、品牌的药品向顾客介绍其特殊的作用、特征和功能。

（3）尽述药品给顾客带来的利益。在了解顾客需求的基础上，把药品能给顾客带来的利益，如产品实质上的、内在的、附加的利益一一列举出来。

（三）包装发药

包装药品时要注意以下几点：

（1）包装之前要特别注意检查药品有没有破损脏污；

（2）包装时要注意外用药必须和内服药品分开包装，放进不同的袋子里；

（3）包装时要快捷稳妥，不拖沓；

（4）包装力求牢固、安全、整齐、美观；

（5）发药时要注意当面核对药单和药品实物，亲自交到顾客手上。

（四）计价收费

顾客决定购买后，药品销售人员要进行计价。当药品销售人员兼任收银员时还要负责收费。收费过程必须唱收唱付，清楚准确，防止差错，以免双方发生不愉快。

收银时要做到以下几点：

（1）让顾客知道药品的价格；

（2）收到货款后，把金额大声说出来；

（3）将钱放进收款箱之前，再点一遍；

（4）找零钱时，要把数目告知顾客；

（5）将零钱交给顾客时，要再确认一遍。

（五）必要提醒

药品成交以后，顾客离开前，药品销售人员需要向顾客进行必要的关照：

（1）告诉顾客药名、剂量、使用方法、最佳服用时间等；

（2）如果用药一段时间后，症状仍然未见好转，应及时就医；

（3）告诉顾客用药后可能出现的副作用。

（六）送客

将包装完毕的药品双手递给顾客（液体药品注意上下方向），并微笑着向顾客表示谢意，祝愿其早日康复。如果是手脚残疾人士，应该热情帮助其上下台阶和开门送客。另外要留意顾客是否有遗漏的物品，如果有，要及时提醒。

（七）柜台和环境整理

顾客离开后，及时将顾客挑剩下的药品放回原陈列柜内，顺便整理陈列的药品，将其摆放整齐。如果有顾客使用设备，要及时恢复设备的初始状态。如果有杂物垃圾，要收拾干净，准备接待下一位顾客。

三、常见疾病症状

1. 咳嗽

（1）疾病概述。

咳嗽是人体的一种保护性反射功能，是呼吸系统疾病的常见症状，是由于咽喉、气管、支气管或肺受炎症、异物、物理或化学性刺激引起。

咳嗽可分为干咳和痰多性咳嗽。

（2）临床表现。

咳嗽因原发疾病不同，表现亦有差异，可有发热、胸痛、咳痰、咯血、打喷嚏、流涕、咽部不适、气促等症状。

2. 过敏性鼻炎

（1）疾病概述。

过敏性鼻炎即变应性鼻炎，是指特应性个体接触变应原后，主要由 IgE（免疫球蛋白E）介导的介质（主要是组胺）释放，并有多种免疫活性细胞和细胞因子等参与的鼻黏膜非感染性炎性疾病。

（2）临床表现。

过敏性鼻炎的典型症状主要是阵发性喷嚏、清涕、鼻塞和鼻痒。部分伴有嗅觉减退。

3. 口腔溃疡

（1）疾病概述。

口腔溃疡俗称“口疮”，是一种常见的发生于口腔黏膜的溃疡性损伤病症，多见于唇内侧、舌头、舌腹、颊黏膜、前庭沟、软腭等部位，这些部位的黏膜缺乏角质化层或角质化较差。舌头溃疡指发生于舌头、舌腹部位的口腔溃疡。口腔溃疡发作时疼痛剧烈，局部灼痛明显，严重者还会影响进食、说话，对日常生活造成极大不便；可并发口臭、慢性咽炎、便秘、头痛、头晕、恶心、乏力、烦躁、发热、淋巴结肿大等全身症状。

根据临床表现不同口腔溃疡分为以下几种：

①原发性溃疡：复发性口腔溃疡、创伤性溃疡等；

②继发性溃疡：如肿瘤性溃疡、疱疹性溃疡等。

（2）临床表现。

表现为口腔黏膜溃疡类损伤的疾病有多种，例如：

①复发性阿弗他性口炎。

又称为复发性口腔溃疡（Recurrent Oral Ulcer，ROU）、复发性口疮，灼痛是其突出特征，故冠以“阿弗他”名（希腊文 aphthous 为“灼痛”之意），外观为单个或者多个大小不一的圆形或椭圆形溃疡，表面覆盖灰白或黄色假膜，中央凹陷，边界清楚，周围黏膜红而微肿。具有周期性、复发性、自限性的特征，年龄不限，女性较多。一年四季均有发病，10 天左右自愈。

②贝赫切特综合征。

其口腔黏膜损害症状和发生规律与复发性阿弗他性口炎类似，除此之外，本病累及多系统多脏器，且有先后出现的口腔外病损症状。眼、生殖器、皮肤病损也是其主要临床特征，表现为反复性生殖部位溃疡、皮肤结节性红斑、毛囊炎、葡萄膜炎。严重者可发生关节、小血管、神经、消化、呼吸、泌尿等多系统损害。

③创伤性溃疡。

与机械性刺激、化学性灼伤或者热冷刺激有密切关系，其发病部位和形态与机械刺激因子相符合。无复发作史，去除刺激后溃疡很快愈合；但如果任其发展，则有癌变的可能。

④癌性溃疡。

老年人多见，其形态多不规则，其边缘隆起呈凹凸不平状，与周围组织分界不清，溃疡面的基底部不平整，呈颗粒状，触之硬韧，和正常黏膜有明显的区别，疼痛不明显。癌性溃疡病程长，数月甚至一年多都不愈合或逐渐扩大，常规消炎防腐类药品治疗效果不明显。良性口腔溃疡患者较少出现全身症状；癌性口腔溃疡患者则相反，可出现发热、颈部淋巴结肿大、食欲不振、消瘦、贫血、乏力等症状。

⑤单纯性疱疹。

好发于婴幼儿，早期以成簇的小水疱为主要表现，疱破后会融合成较大的糜烂面或不规则的溃疡。复发与诱因有明确关系，复发前常伴有咽喉痛、乏力等前驱症状，发病期间多伴有明显的全身不适。

⑥放射性口炎。

有放射线暴露史，出现上述急、慢性口腔损害是其特征。放射性口炎黏膜损害程度较轻时出现口腔黏膜发红、水肿；糜烂、溃疡，覆盖白色假膜，易出血，触痛明显，发生口干、口臭等，可以合并进食困难等功能障碍和头昏、失眠、厌食、脱发等全身症状，较重时可以伴发出血、继发感染等全身损害。

4. 腹泻

腹泻是指排便在一日内超过 3 次，粪质稀薄，水分增加，或含有未消化的食物、黏液及脓血。

根据病程可分为急性腹泻和慢性腹泻。

①急性腹泻：病程在 2 周以内，腹泻症状非常严重；

②慢性腹泻：病程超过 2 个月，腹泻症状比较和缓。

根据腹泻特征不同，可分为痢疾样腹泻和水样泻。

5. 感冒

（1）疾病概述。

感冒是由呼吸道病毒及细菌引起的上呼吸道感染性疾病。

感冒分类：中医一般将感冒分为风寒型、风热型、外寒内热型和暑湿型四种类型。

风寒型感冒：畏寒、低热、鼻塞、流清涕、打喷嚏、咳嗽、头痛、肌肉疼痛、无汗、咽干，多发于冬春季节。

风热型感冒:高热不退、头胀痛、面红目赤、咽喉肿痛、流黄涕、咳嗽、痰黏或黄稠、口渴喜饮，四季都可发生。

外寒内热型感冒：发热、面红、流清涕、大便干燥、咽喉红肿疼痛，多发于冬季。

暑湿型感冒（胃肠型感冒）：发热、汗出不畅、头昏脑胀、身重倦怠、恶心、呕吐、腹泻、腹痛，多发于夏天暑热季节。

（2）临床表现。

本病起病较急，潜伏期 1 ~ 3 天，主要表现为鼻部症状，如打喷嚏、鼻塞、流涕，也可表现为咳嗽、咽干、咽痒、咽痛或灼热感。2 ~ 3 天后鼻涕变稠，常伴咽痛、流泪、味觉减退、呼吸不畅等。一般无全身症状，或仅有低热、不适、轻度畏寒、头痛。

6. 消化不良

（1）疾病概述。

消化不良是指由于胃肠蠕动减弱，食物在胃内停留时间过长等原因引起的胃部不适的总称。消化不良可偶发，也可继发于多种全身性疾病中。

（2）临床表现。

①上腹痛或不适，餐后加重，或餐后上腹发胀、恶心、呕吐、食欲不佳;

②上腹正中反酸或烧灼感，可延伸至喉咙部;

③食欲缺乏，对油腻食物尤为反感;

④常有饱胀感，打嗝、排气增多，有时可出现轻度腹泻;

⑤儿童出现腹胀、夜卧不宁、口臭、吐奶，大便稀、有酸臭味，并且大便有大量未消化的食物残渣等症状。

7. 便秘

（1）疾病概述。

便秘是指排便次数减少，每周少于 2 ~ 3 次，无规律，同时伴有粪便干结、排便费力等。便秘在人群中的患病率比较高，女性多于男性，老年多于青壮年。

便秘根据其发病原因和性质可分为以下几种:

①功能性便秘;

②痉挛性便秘;

③低张力性便秘;

④药源性便秘。

（2）临床表现。

便秘常表现为排便次数减少、粪便干结及排便困难，还可能伴有腹部胀痛、食欲减退、疲乏无力等。

8. 皮肤癣

（1）疾病概述。

皮肤癣菌病为皮肤癣菌侵犯皮肤、毛发和指（趾）甲等引起的一组真菌感染性疾病。患者皮肤上可出现红斑、丘疹或水疱、脓疱，常有脱皮、瘙痒等表现，累及指（趾）甲可有甲变色、增厚及变形等改变。主要包括头癣、体癣、股癣、手癣、足癣和甲癣等。

（2）临床表现。

患者主要表现为不同程度的瘙痒，皮肤癣菌病因类型的不同，其皮损具有不同的特征：

头癣：有的患者头皮上有碟状黄癣痂，有的表现为鳞屑性脱发斑，有的表现为有毛囊口黑点的脱发斑，还有的表现为炎性肿块。

体癣和股癣：皮损以丘疹、丘疱疹、水疱和边界清楚的红色鳞屑性斑片为主。

手癣：表现为手掌和手指角化过度性皮损，常从单侧手开始发生，可伴有其他表现，如脱屑、水疱、干燥等症状。

足癣：足部出现水疱或大疱、脚趾间糜烂浸渍或脚底、脚后跟呈角化过度性皮损（如皮肤粗糙、增厚）。

甲癣：主要表现为指（趾）甲异常，如甲板浑浊变色、增厚变脆和分离等。

9. 结膜炎

（1）疾病概述。

结膜炎是由微生物（病毒、细菌、衣原体等）感染、外界刺激（物理刺激、化学损伤）及过敏反应等引起的结膜炎症，俗称“红眼病”。

结膜炎根据其发病原因可分为以下几种：

①感染性结膜炎：由病毒、细菌、衣原体等感染所致，具有很强的传染性。

②免疫性结膜炎：即过敏性结膜炎，又称变态反应性结膜炎。

③继发性结膜炎：多由角膜、巩膜、眼睑、泪器、鼻腔等组织发生炎症蔓延至结膜所致。

④其他类型结膜炎。

（2）临床表现。

结膜炎症状明显，患者常会出现眼睑发红、干涩、眼痒、疼痛、异物感、怕光、分泌物多、流泪等症状，未波及角膜者视力一般不受影响。细菌性结膜炎通常单侧起病发展至双侧，病毒性结膜炎多为双侧发病。

四、常见疾病的治疗药品

1. 咳嗽用药指导

咳嗽常用药物及用药指导如表 4–10 所示。

表 4–10 咳嗽常用药物及用药指导

分类及常用药物	用药指导
镇咳药 1. 中枢性镇咳药 右美沙芬	偶有头晕、轻度嗜睡、恶心、胃部不适、皮疹等轻微反应，但不影响继续用药。有精神病史者忌用。痰多患者慎用。妊娠三个月内妇女忌用，三个月后的孕妇慎用。
喷托维林	①可引起头痛、头晕、口干、恶心和腹泻等不良反应。②微弱的阿托品样作用，青光眼、心功能不全者慎用，痰多者宜与祛痰药合用。
2. 外周镇咳药 苯丙哌林	服药后可出现一过性口、咽部麻木感觉，此外尚有乏力、头晕、上腹不适等不良反应。服药期间若出现皮疹应停药。
3. 镇咳祛痰药 复方甘草合剂	有轻微的恶心、呕吐反应。对本药成分过敏者禁用。 儿童用量请咨询医师或药师，必须在成人监护下使用。 孕妇及哺乳妇女慎用，胃炎及溃疡患者慎用。如服用过量或有严重不良反应要立即就医
祛痰药 1. 恶心性祛痰药氯化铵	可引起恶心、呕吐、胃痛等刺激症状。严重肝肾功能不全者及对本药过敏者禁用。如服用过量或发生严重不良反应立即就医。
2. 黏痰溶解药 盐酸氨溴索口服溶液	偶有轻度头晕、恶心、胃部不适、腹泻、胃肠道出血、皮疹等不良反应。有消化道溃疡史者慎用；活动期患者禁用。 避免与强镇咳药同时应用，以免稀化的痰液堵塞气道。
3. 黏痰溶解药 溴己新	对胃黏膜的刺激性可引起肠胃不适。偶见血清转氨酶的短暂升高，可自行恢复。胃溃疡及肝病患者慎用

续表

分类及常用药物	用药指导
中成药 1. 风寒咳嗽 小青龙合剂 通宣理肺口服液 消咳喘胶囊	①忌食辛辣、油腻食物。②该类药品适用于风寒咳嗽，其表现为咳嗽声重、气急、咽痒、咳痰稀薄色白、恶寒发热。③支气管扩张、肺脓疡、肺心病、肺结核患者应在医师指导下服用。④高血压、心脏病严重患者慎用。⑤服用三天病症无改善，应停止服用，去医院就诊。⑥服药期间，若患者出现高热，体温超过 38℃，或出现喘促气急，或咳嗽加重，痰量明显增多，或痰由白变黄，应到医院就诊。
2. 风热咳嗽 急支糖浆 蛇胆川贝枇杷糖浆 鲜竹沥口服液	①忌食辛辣、油腻食物。②适用于风热咳嗽，其表现为咳嗽，咯痰不爽，痰黏稠或稠黄、咽干舌燥，伴有鼻流黄涕、口渴、头痛、恶风、身热。③支气管扩张、肺脓疡、肺心病、肺结核患者应在医师指导下服用。④服用三天病症无改善，应停止服用，去医院就诊。⑤服药期间，若患者出现高热，体温超过 38℃，或出现喘促气急，或咳嗽加重，痰量明显增多，应到医院就诊。
3. 风燥咳嗽 川贝枇杷糖浆	服用期间不能服用滋补性的中药。服用三天后症状无改善，要及时去医院进行治疗

2. 过敏性鼻炎用药指导

过敏性鼻炎常用药物及用药指导如表 4–11 所示。

表 4–11 过敏性鼻炎常用药物及用药指导

分类及常用药物	用药指导
抗组胺 西替利嗪 氯雷他定	用于过敏性鼻炎、急性或慢性荨麻疹、过敏性结膜炎、花粉过敏症及其他过敏性皮肤病。一般在服药后半小时起效。不良反应较少，偶有口干、头痛等。偶见肝功能异常、黄疸、肝炎、肝坏死，肝功能受损者应减量。罕见多形红斑及全身过敏反应。对本品过敏者禁用。2 岁以下儿童不推荐使用。孕期及哺乳期妇女慎用。
富马酸酮替芬滴鼻液	起效较快，一般在用药后 10 ~ 15 分钟起效。药效持续时间长。 ①服药期间不得驾驶机、车、船，从事高空作业、机械作业及操作精密仪器。②孕妇及哺乳期妇女应在医师指导下使用。③对本品过敏者禁用，过敏体质者慎用。④与多种中枢神经抑制剂或酒精并用，可增强本品的镇静作用，应予避免。⑤不得与口服降糖药并用。⑥如与其他药品同时使用可能会发生药品相互作用，详情请咨询医师或药师

续表

分类及常用药物	用药指导
糖皮质激素药 布地奈德鼻喷剂	用于常年性及季节性过敏性鼻炎。鼻腔喷入:避免直接喷向鼻中隔。成人:开始时每个鼻孔各 2 喷，早晚各 1 次。一日最大用量不超过 8 喷（256 μg）。症状缓解后每天每个鼻孔喷 1 次，每次 1 喷。6 岁以上儿童同成人。应避免与酮康唑合用。如正在使用其他药品，在使用本品前应咨询医师或药师
减充血剂 盐酸羟甲唑林滴鼻液	用于急性鼻炎、慢性单纯性鼻炎、慢性肥厚性鼻炎、变态反应性鼻炎（过敏性鼻炎）、鼻息肉、航空性鼻窦炎、航空性中耳炎、鼻出血、鼻阻塞性打鼾和其他鼻阻塞性疾病。喷鼻，成人和 6 岁以上儿童，1 次 1 ~ 3 喷，3 ~ 5 岁儿童，1 次 1 喷，早晨或睡前各 1 次。①喷雾或滴用药过频易致反跳性鼻充血，久用可致药品性鼻炎。②少数人有轻微灼烧感、针刺感、鼻黏膜干燥及头痛、头晕、心率加快等反应
中药非处方药 千柏鼻炎片 通窍鼻炎片 藿胆片	①忌辛辣、鱼腥食物。②不宜在服药期间同时服用温补性中成药。③孕妇慎用。④高血压、心脏病等慢性病患者，应在医师指导下服用。⑤按照用法用量服用，儿童应在医师指导下服用。⑥急性鼻炎患者服药三天后症状无改善，或出现其他症状，应去医院就诊

3. 口腔溃疡用药指导

口腔溃疡常用药物及用药指导如表 4–12 所示。

表 4–12 口腔溃疡常用药物及用药指导

分类及常用药物	用药指导
局部用药 1. 止痛药 复方苯佐卡因凝胶	适用于复发性口腔溃疡的止痛及治疗。成人及 2 岁以上儿童:涂于患处，每日 3 ~ 4 次，最多不超过 4 次。对局麻药（如普鲁卡因、丁基卡因、苯佐卡因或其他“卡因”类麻醉药）及本品中其他成分过敏的患者禁用。
2. 消炎药 氯己定含漱液	本品可作为牙龈炎、冠周炎、口腔黏膜炎等所致的牙龈出血、牙周肿痛及溢脓性口臭、口腔溃疡等症的辅助治疗用药。早晚刷牙后口腔内含漱。一次 15 mL，5 ~ 10 日为一个疗程。
地塞米松贴片	贴于患处。1 次 1 片，1 日总量不超过 3 片，连用不得超过 1 周。洗净手指后粘少许唾液粘起黄色面，将白色层贴于患处，并轻压 10 ~ 15 秒，使其粘牢，不须取出，直至全部溶化。对本品过敏者禁用。仅限口腔使用，不宜长期使用，连用 1 周后症状未缓解，应停药就医。
西地碘含片	口含。成人,1 次 1 片,1 日 3 ~ 5 次。偶见皮疹、皮肤瘙痒等过敏反应。长期含服可导致舌苔染色，停药后可消退。连续使用 5 日症状未见缓解，应停药就医。

续表

分类及常用药物	用药指导
3. 促进愈合药品 西瓜霜散	喷（吹）敷患处，一次适量，1 日数次。重症者兼服，1 次 1 ~ 2 g，次数视情况而定。不良反应尚不明确。口腔内喷或敷药时请不要呼吸，以防药粉进入呼吸道而引起呛咳。用药后半小时内不得进食、饮水。严格按照用法用量应用，用药 3 天症状无缓解，应去医院就诊。本品不宜长期应用
全身用药 维生素 C 片 维生素 B 族片	用于补充维生素 C：成人 1 日 1 片。用于治疗维生素 C 缺乏：成人 1 次 1 ~ 2 片，1 日 3 次；儿童 1 日 1 ~ 3 片。至少服用 2 周。 B 族维生素是人体内糖类、脂肪、蛋白质等代谢时不可缺少的物质。每日 1 次，每次 1 片
中成药 冰硼散	吹敷患处，每次少量，一日数次。服药期间饮食宜清淡，忌食辛辣、油腻食物，戒烟酒，以免加重病情。方中含有玄明粉，药品泌入乳汁中，易引起婴儿腹泻，故哺乳期妇女不宜使用

4. 腹泻用药指导

腹泻常用药物及用药指导如表 4-13 所示。

表 4-13 腹泻常用药物及用药指导

分类及常用药物	用药指导
感染性腹泻 盐酸小檗碱片 鞣酸蛋白	小檗碱的盐酸盐（俗称盐酸黄连素）已广泛用于治疗胃肠炎、细菌性痢疾等，对肺结核、猩红热、急性扁桃腺炎和呼吸道感染也有一定疗效。口服不良反应较少，偶有恶心、呕吐、皮疹和发热，停药后即消失。虽然儿童可以应用，但遗传性 6- 磷酸葡萄糖脱氢酶缺乏的儿童忌服，因本品可引起溶血性贫血以致黄疸。 用量过大可致便秘，但可以吃乳酸菌素片进行调节。注意事项：①能影响胃蛋白酶、胰酶、乳酶生等消化酶类的活性，故不宜同服；②用于治疗细菌性肠炎时应首先控制感染

续表

分类及常用药物	用药指导
消化性腹泻 胰酶	孕妇及哺乳期妇女慎用。服用时不可嚼碎，以免药粉残留于口腔内，导致严重的口腔溃疡。胰腺外分泌功能测定前应至少停用本品 3 日。可干扰叶酸的吸收，故服用胰酶的患者可能需要补充叶酸。与等量碳酸氢钠同服可增加疗效。本品在酸性溶液中活性减弱，甚至被分解灭活，故不宜与酸性药品同服。
乳酶生	本品不宜与多种抗菌药、吸附剂及收敛剂同时服用，若必须合用，二药的服用时间必须间隔 2 小时以上，以免影响疗效。铋剂、鞣酸、活性炭、酊剂等，能抑制、吸附或杀灭乳酸杆菌，忌与本品合用。本品须密闭于阴凉干燥处保存
激惹性腹泻 蒙脱石散	用于成人及儿童急、慢性腹泻。用于食道、胃、十二指肠疾病引起的相关疼痛症状的辅助治疗，但本品不作为解痉剂使用。治疗急性腹泻，应注意纠正脱水。儿童可安全服用本品，但需注意过量服用易引起便秘。孕妇及哺乳期妇女可安全服用本品
肠道菌群失调性腹泻 双歧杆菌乳杆菌三联活菌片	用于治疗肠道菌群失调引起的腹泻、慢性腹泻、抗生素治疗无效的腹泻及便秘。适宜于冷藏保存。本品真空封装，开袋后应尽快服用。本品对青霉素、氨苄青霉素、氯洁霉素、先锋霉素等敏感，如同时使用请错开用药时间
中成药 胃肠宁冲剂	用于急性胃肠炎，小儿消化不良。开水冲服，1 次 1 袋，1 日 3 次，小儿酌减。
四味脾胃舒颗粒	健脾和胃，消食止痛。用于脾胃虚弱所致的食欲不振，脘腹胀痛，伤食腹泻，小儿疳积。饮食宜清淡，忌烟、酒及辛辣、生冷、油腻食物。不宜在服药期间同时服用滋补性中药。高血压、心脏病、肝病、肾病等慢性病严重患者应在医师指导下服用。服药 7 天症状未缓解，应去医院就诊。孕妇慎用；儿童、年老体弱者应在医师指导下服用。
四神丸	治疗慢性腹泻、非特异性结肠炎、肠道易激综合征、糖尿病合并顽固性腹泻、虚寒便秘、五更泄泻、遗尿症、滑精等。忌食生冷、油腻食物

5. 感冒用药指导

感冒常用药物及用药指导如表 4–14 所示。

表 4-14　感冒常用药物及用药指导

分类及常用药物	用药指导
复方感冒药 泰诺 新康泰克 白加黑 感康	复方感冒药中包含了对抗感冒各主要症状的药品成分。只选择一种感冒药以免重复用药；用药 3 ~ 7 日后症状若不缓解，建议患者去医院就诊
中成药 1. 风寒型感冒 风寒感冒冲剂 正柴胡饮 九味羌活丸 通宣理肺丸 感冒清热冲剂	解表发汗，疏风散寒。用于风寒感冒，其表现为发热头痛、恶寒、无汗、咳嗽、鼻塞、流清涕。忌烟、酒及辛辣、生冷、油腻食物。不宜在服药期间同时服用滋补性中药。内热咳喘及虚喘者不适用。
2. 风热型感冒 桑菊感冒片 芎菊上清丸 双黄连口服液热炎宁颗粒 板蓝根冲剂 银翘解毒丸 羚羊感冒片	疏散风热，宣肺止咳。用于风热感冒初起，其表现为头痛、咳嗽、口干、咽痛。忌烟、酒及辛辣、生冷、油腻食物。不宜在服药期间同时服用滋补性中成药。风寒感冒者不适用，其表现为恶寒重、发热轻、无汗、鼻塞、流清涕、口不渴、咳吐稀白痰。高血压、心脏病、肝病、糖尿病、肾病等慢性病严重患者、孕妇或正在接受其他治疗的患者，均应在医师指导下服用。服药 3 天后，症状无改善，或出现发热咳嗽加重，并有其他症状如胸闷、心悸等时，应去医院就诊。
3. 外寒内热型感冒 银翘解毒丸 连花清瘟胶囊	清瘟解毒，宣肺泄热。用于治疗流行性感冒属热毒袭肺证，症见：发热或高热、恶寒、肌肉酸痛、鼻塞、流涕、咳嗽、头痛、咽干、咽痛、舌偏红、苔黄或黄腻等。忌烟、酒及辛辣、生冷、油腻食物。不宜在服药期间同时服用滋补性中药。风寒感冒者不适用。高血压、心脏病患者慎用。肝病、糖尿病、肾病等慢性病严重患者应在医师指导下服用。
4. 暑湿型感冒 藿香正气软胶囊（丸剂或口服液） 四正丸	解表和中，理气化湿。服药期间忌烟、酒；对酒精过敏者禁用；本品不宜长期服用，服药 3 天后，症状无缓解或呕吐严重者，应及时就医

续表

分类及常用药物	用药指导
解热镇痛药 对乙酰氨基酚片	用于普通感冒或流行性感冒引起的发热，也用于缓解轻至中度疼痛，如头痛、关节痛、偏头痛、牙痛、肌肉痛、神经痛、痛经。本品为对症治疗药，用于解热连续使用不超过 3 天，用于止痛不超过 5 天，症状未缓解请咨询医师或药师。对阿司匹林过敏者慎用。不能同时服用其他含有解热镇痛药的药品（如某些复方感冒药）。肝肾功能不全者慎用，孕妇及哺乳期妇女慎用。服用本品期间不得饮酒或饮用含有酒精的饮料。
布洛芬	用于缓解轻至中度疼痛，如头痛、关节痛、偏头痛、牙痛、肌肉痛、神经痛、痛经。也用于普通感冒或流行性感冒引起的发热。对阿司匹林或其他非甾体消炎药过敏者对本品可有交叉过敏反应，禁用。活动性或有既往消化性溃疡史，胃肠道出血或穿孔的患者禁用。孕妇及哺乳期妇女禁用

6. 消化不良用药指导

消化不良常用药物及药物指导如表 4-15 所示。

表 4-15 消化不良常用药物及药物指导

分类及常用药物	用药指导
增进食欲 维生素 B1	避免大量饮酒。维生素 B1 是对体内分解酒精不可缺乏的物质，但如果连日饮酒，维生素 B1 的吸收能力就会降低。
维生素 B6	酒类、避孕丸、烟草、咖啡、放射线照射等会抑制维生素 B6 的吸收。
干酵母片	口服。儿童一次 2 ~ 4 片，成人一次 4 ~ 8 片，一日 3 次。饭后嚼碎服。过量服用可致腹泻。不能与碱性药品合用，否则维生素可被破坏
助消化药 多酶片	可引起恶心、呕吐、胃痛等刺激症状。严重肝肾功能不全者及对本药过敏者禁用。如服用过量或发生严重不良反应要立即就医
助消化药 胰酶肠溶片	偶有轻度头晕、恶心、胃部不适、腹泻、胃肠道出血、皮疹等不良反应。有消化道溃疡史者慎用，活动期患者禁用。
胃蛋白酶	对胃黏膜的刺激性可引起肠胃不适。偶见血清转氨酶的短暂升高，可自行恢复。胃溃疡及肝病患者慎用

续表

分类及常用药物	用药指导
促进胃肠动力药 多潘立酮片	口服。成人：每日 3 ～ 4 次，每次 1 片，必要时剂量可加倍或遵医嘱。儿童（12 岁以上及体重在 35 kg 以上）：每日 3 ～ 4 次，每次每 kg 体重 0.3 mg。本品应在饭前 15 ～ 30 分钟服用，若在饭后服用，吸收会有所延迟。本品日最高剂量为 80 mg
微生态制剂 双歧杆菌三联活菌胶囊	口服：一日 2 次，每次 2 ～ 4 粒，重症加倍，饭后半小时用温水服用。儿童用药酌减，婴幼儿用药时可将胶囊内药粉用温开水或温牛奶冲服。适宜于冷藏保存。宜用冷、温开水送服。
地衣芽孢杆菌活菌胶囊	口服，成人，1 次 2 粒；儿童，1 次 1 粒；一日 3 次；首次加倍。对吞咽困难者，服用时可打开胶囊，将药粉加入少量温开水或奶液混合后服用。本品为活菌制剂，切勿将本品置于高温处，溶解时水温不宜高于 40℃。服用本品时应避免与抗菌药合用。对本品过敏者禁用，过敏体质者慎用。抗菌药与本品合用时可减低其疗效，故不应同服，必要时可间隔 3 小时服用。铋剂、鞣酸、药用炭、酊剂等抑制、吸附活菌，不能并用。如与其他药品同时使用可能会发生药品相互作用，详情请咨询医师或药师
中成药 大山楂丸	孕妇慎服。脾胃虚寒的消化不良者，无积滞者勿用。按照用法用量服用，小儿应在医师指导下服用。药品性状发生改变时禁止服用。儿童必须在成人的监护下使用。 请将此药品放在儿童不能接触的地方。如正在服用其他药品，使用本品前请咨询医师或药师。 服用前应除去蜡皮、塑料球壳；本品不可整丸吞服。 服药 3 天症状无缓解，应去医院就诊

7. 便秘用药指导

便秘常用药物及用药指导如表 4–16 所示。

表 4–16 便秘常用药物及用药指导

分类及常用药物	用药指导
刺激性泻药 比沙可啶	比沙可啶有较强的刺激性，应避免吸入或与眼睛、皮肤黏膜接触，口服时不得嚼碎，服药前后 2 小时不要喝牛奶、口服抗酸药或刺激性药。
酚酞	可使尿色变成红色或者橘红色，幼儿慎用，婴儿禁用

续表

分类及常用药物	用药指导
容积性泻药 乳果糖口服溶液	乳果糖含有可吸收的糖，糖尿病、乳酸血症患者禁用，妊娠期妇女，在调整饮食和生活习惯后仍不能解除便秘时，可用中等剂量乳果糖口服溶液。
聚乙二醇	可能出现腹泻，停药后 24 ~ 48 小时内即可消失，随后可减少剂量继续治疗。对肠功能紊乱患者，有可能出现腹痛。本品可以用于糖尿病或需要无乳糖饮食的患者。
硫酸镁	宜在清晨空腹服用，并大量饮水，以加速导泻和防止脱水，但在排便反射减弱引起腹胀时，应禁用硫酸镁导泻，以免突然增加肠内容物而不能引起排便
润滑性泻药 甘油栓 / 开塞露	每晚一枚，插入肛门内即可，使用时将容器顶端剪开成钝口，涂上少许油脂，徐徐插入肛门，再将药液挤入直肠内
膨胀性泻药 羧甲纤维素钠颗粒	用于轻、中度便秘的治疗。剂量过大可能引起腹部不适、胃肠胀气、厌食、恶心、呕吐及腹泻。孕妇慎用。服药期间多饮水。长期服用可影响营养素的吸收。儿童用量请咨询医师或药师。如服用过量或出现严重不良反应，应立即就医。对该药品过敏者禁用，过敏体质者慎用。
车前番泻颗粒	用于治疗成人便秘，老年人肌张力降低引起的便秘，及痔疮患者的便秘。治疗初期可有胃肠胀气和膨胀感，继续治疗会自行消失。由于本品作用温和，故起效缓慢，一般用药后 24 ~ 36 小时才见效。服药时应充分饮水
中成药 牛黄上清丸	热毒内盛、风火上攻所致的头痛眩晕、目赤耳鸣、咽喉肿痛、口舌生疮、牙龈肿痛、大便燥结。忌烟、酒及辛辣食物。不宜在服药期间同时服用滋补性中药。高血压、心脏病、肝病、糖尿病、肾病等慢性病严重患者应在医师指导下服用。服药后大便次数增多且不成形者，应酌情减量。
六味地黄丸	忌不易消化食物。感冒发热患者不宜服用。高血压、心脏病、肝病、糖尿病、肾病等慢性病严重患者应在医师指导下服用。儿童、孕妇、哺乳期妇女应在医师指导下服用。服药 4 周症状无缓解，应去医院就诊

8. 皮肤癣用药指导

皮肤癣常用药物及用药指导如表 4-17 所示。

表 4-17　皮肤癣常用药物及用药指导

分类及常用药物	用药指导
抗真菌霜剂 克霉唑霜	广谱抗真菌药，作用机制是抑制真菌细胞膜的合成，以及影响其代谢过程。对皮肤浅部、深部多种真菌感染有抗菌作用。
咪康唑霜	皮肤感染一日 2 次，敷药膏于患处，用手指涂擦，使药品全部渗入皮肤。待患处损害全部消失后（通常需 2 ~ 5 周），应继续用药 1 周，以防复发；指（趾）甲感染尽量剪尽患甲，每日 1 次，敷少许药膏于患处，用手指涂匀。
酮康唑霜	用时，将软膏均匀涂敷于患处及其周围。体癣、股癣及皮肤黏膜念珠菌病，一日 1 次，连用 3 周；花斑癣，一日 1 次，连用 2 周；手足癣，一日 1 ~ 2 次（就寝前 1 次），连用 4 ~ 6 周。
伊曲康唑	口服，浅表真菌感染：每日 1 次，每次 0.1 ~ 0.2 g 于餐时服，疗程 7 或 15 日。甲癣病短程间歇疗法：每次口服 0.2 g，每日 2 次，连服 7 日，停药 3 周为一疗程。
氟康唑	口服，念珠菌病及皮肤真菌病，50 ~ 100 mg / 次，1 次 / 日。阴道念珠菌病 150 mg / 次，1 次 / 日。治疗隐球菌脑膜炎及其他部位感染，常用剂量为首日 400 mg，随后 200 ~ 400 mg / 日。儿童慎用
抗真菌霜剂 盐酸特比萘芬乳膏	外用，一日 2 次，涂患处，并轻揉片刻。疗程 1 ~ 2 周。孕妇及哺乳期妇女慎用。避免接触眼睛和其他黏膜（如口、鼻等）。用药部位如有烧灼感、红肿等情况应停药，并将局部药品洗净，必要时向医师咨询。本品涂敷后不必包扎。不得用于皮肤破溃处。对本品过敏者禁用，过敏体质者慎用
角质剥脱剂 水杨酸苯甲酸酊	外用，一日 2 ~ 3 次，涂擦患处。皮癣消退，痒感消失后，仍应继续用药 3 天，避免复发。
复方苯甲酸软膏	不宜大面积皮肤使用，以免吸收中毒。勿接触眼睛和其他黏膜处。用药部位如有烧灼感、瘙痒、红肿等情况，应停止用药，洗净。勿与含铁等金属的药品或其他外用痤疮制剂或含有剥脱作用的药品合用
中成药 湿毒清胶囊	口服。1 次 3 ~ 4 粒，一日 3 次。患处不宜用热水洗烫。服药 7 天症状无缓解，应去医院就诊。
皮肤病血毒丸	感冒期间停服。风寒症或肺脾气虚证型荨麻疹不宜使用。月经期或哺乳期慎服。忌食鱼、虾和油腻食物；忌酒、辛辣刺激食物。体弱、慢性腹泻者慎用。过敏体质者慎用

9. 结膜炎用药指导

结膜炎常用药物及用药指导如表 4–18 所示。

表 4–18 结膜炎常用药物及用药指导

分类及常用药物	用药指导
抗生素类 左氧氟沙星滴眼液	用于细菌性结膜炎。对本品的成分、氧氟沙星及喹诺酮类抗菌制剂有过敏既往史的患者禁用。一般一日 3 次，每次滴眼 1 滴，根据症状可适当增减。对角膜炎的治疗在急性期每 15 ~ 30 分钟滴眼 1 次，对严重的病例在开始 30 分钟内每 5 分钟滴眼 1 次，病情控制后逐渐减少滴眼次数
抗生素类 妥布霉素滴眼液	用于细菌性结膜炎。滴于眼睑内。轻、中度感染：1 次 1 ~ 2 滴，每 4 小时 1 次；重度感染：1 次 2 滴，每小时 1 次。对本品及其他氨基糖苷类抗生素过敏者禁用。肾功能不全、肝功能异常、前庭功能或听力减退者、失水、重症肌无力或帕金森病及老年患者慎用。眼用制剂在启用后最多可使用 4 周。
新霉素滴眼液	用于衣原体性结膜炎。3 ~ 4 小时 1 次，每次 1 滴，将药液滴于患部，必要时可加大用药频度。有单纯疱疹病毒感染史者、眼部急性化脓性炎症患者慎用。禁用于急性单纯疱疹性角膜炎（树枝状角膜炎），牛痘、水痘及其他大多数角膜、结膜的病毒感染，眼结核，眼部真菌感染；对该药成分过敏者禁用。
红霉素滴眼液	用于衣原体性结膜炎。涂于眼睑内，一日 2 ~ 3次，最后一次宜在睡前使用。偶见眼睛疼痛，视力改变，持续性发红或刺激感等过敏反应。
四环素眼膏	用于衣原体性结膜炎。涂于眼睑内，一日 1 ~ 2 次。有四环素类药物过敏史者禁用。
金霉素眼膏	用于细菌性结膜炎。涂于眼睑内，每 2 ~ 4 小时 1 次。用药部位可出现轻微刺激感。应用本品后可感到视力模糊；应用时耐药菌株可过度生长。偶见过敏反应，出现眼睛充血、眼痒、水肿等症状。有四环素类药物过敏史者禁用。
氯霉素滴眼液	用于细菌性结膜炎。滴于眼睑内，1 次 1 ~ 2 滴，一日 3 ~ 5 次。对本品过敏者禁用。滴眼时瓶口勿接触眼睛，使用后应将瓶盖拧紧，勿使瓶口接触皮肤以免污染。在启用后最多可使用 4 周
抗病毒 更昔洛韦眼膏	用于病毒性结膜炎。涂于眼睑内，一日 4 ~ 6 次，每次 5 ~ 6 mm（约含更昔洛韦 0.25 ~ 0.3 mg）。对本品所含成分过敏者禁用。精神病患者及神经中毒症状者慎用；严禁过量用药
皮质类固醇类 0.5% 可的松滴眼液	用于过敏性结膜炎、病毒性结膜炎。滴眼。将本品滴入结膜囊内，1 次 1 ~ 2 滴，一日 3 ~ 4 次。用前摇匀。单纯性或溃疡性角膜炎患者禁用。本品不宜长期使用，连用不得超过 2 周，若症状未缓解，应停药就医

五、常见疾病的健康指导

（一）咳嗽

1. 预防方法

（1）加强锻炼，多进行户外活动，提高机体抗病能力。

（2）气候转变时及时增减衣服，防止过冷或过热。

（3）经常开窗，增强空气流通。

（4）戒烟戒酒，注意休息，提高自身免疫力。

2. 及时治疗

及时诊断出咳嗽的原因，对症加对因治疗。

3. 关注儿童

（1）少带儿童去拥挤的公共场所，少与咳嗽患者接触，减少感染机会。

（2）防止咳嗽，预防感冒非常关键，平时儿童要注意锻炼身体，提高御“邪”能力，避免呼吸道感染，以防加重病情。

（3）对儿童加强生活调理，保证其饮食适宜，睡眠充足。

（4）平时让儿童适当食用梨和萝卜，这些食物对咳嗽有一定的预防功效。

（5）关注儿童咳嗽的原因，诊断咳嗽本质的疾病。

（二）过敏性鼻炎

（1）保证睡眠，保持科学的饮食起居，尽量避免与过敏原接触，远离宠物。

（2）注意保持鼻腔清洁，经常清洗鼻腔。

（3）加强室外体育锻炼，增强体质。

（三）口腔溃疡

（1）避免诱发因素：口腔溃疡与个人体质有关，尽量避免诱发因素；提高机体免疫力；保持生活起居规律，避免过度劳累。

（2）生活护理：多饮水，饮食宜清淡。

（3）预防并发症：重型复发性口腔溃疡、久治不愈的应及时就医。

（四）腹泻

1. 重在预防

（1）要养成良好的饮食卫生习惯，饭前便后洗手；不吃腐败和不新鲜的食物；忌烟酒、辛辣食品、牛奶和乳制品；以富含维生素和微量元素的食物为主；避免环境应激引起的胃肠道症状，不暴饮暴食，进食清淡、易消化食物。

（2）避免肠道感染诱发或加重腹泻。

（3）注意保暖，避免受凉。

（4）平时应加强户外活动，提高对自然环境的适应能力及自身应变能力；儿童加强体格锻炼，增强体质，提高机体抵抗力；日常生活中避免不良刺激导致儿童腹泻，如过度疲劳、惊吓或精神过度紧张等。

（5）预防性应用肠道益生菌制剂，以双歧杆菌为主的益生菌具有抑制有害菌生长，调节免疫、消炎、助消化等特殊功能，对维持肠道正常生理功能，减少腹泻复发具有重要意义。

2. 养成良好习惯

保证睡眠质量，必要时使用药品干预。

3. 保持心理健康

保持健康情绪，减轻心理负担，缓解焦虑。

（五）感冒

1. 重在预防

勤开窗通风换气，保持室内空气清新，是预防感冒最简便、有效的方法。加强锻炼、增强体质、生活饮食规律、改善营养，避免受凉和过度劳累，有助于降低易感性，可预防感冒。

2. 防止交叉感染

养成卫生习惯，注意用手卫生，勤洗手、勤换手帕；注意隔离感冒患者，防止交叉感染；流感季节尽量避免去人多的公共场所。

3. 生活指导

忌食辛辣食物，要多饮水，保证营养。最好以清淡、细软的食物为主，还可以吃一些水果蔬菜来增进食欲。不能服用人参或西洋参，否则会使症状加重。要注意休息，忌剧烈运动，预防并发心肌炎、肺炎等。

（六）消化不良

（1）养成良好的生活习惯。

①细嚼慢咽，不暴饮暴食，避免食用不易消化的食物及饮用各种碳酸饮料。

②戒烟酒。

③避免生冷、刺激性食物及高脂饮食。

④避免精神紧张，过度劳累，减轻心理压力。

（2）较轻微消化不良者可采用轻柔按摩腹部、饭后散步、运动健身、增加身体热量的消耗等方式缓解消化不良症状。

（七）便秘

（1）养成每天定时排便的习惯，逐步恢复或重新建立排便反射。

（2）对于因受精神因素、生活规律改变、长途旅行等未能及时排便的影响而引起便秘者，应尽量避免排便习惯受到干扰。

（3）建议患者每天大量饮用白开水，多吃富含纤维素的蔬菜，多食香蕉、梨、西瓜等水果，以促进排便，尽量少用或不用缓泻药。

（4）合理安排生活和工作，做到劳逸结合。适当的文体活动，特别是腹肌的锻炼有利于胃肠功能的改善，对于久坐少动和精神高度集中的脑力劳动者更为重要。

（八）皮肤癣

（1）平时养成良好的卫生习惯，不穿他人的鞋袜，不用他人的毛巾、浴巾，不与他人共用面盆、脚盆，经常清洗手脚，保持手足清洁和合适的湿度。

（2）体癣患者应保持皮肤、衣物干净。衣服不要选择太厚的，质料以纯棉最佳，因为纯棉的衣服容易吸汗，可减少身体的“湿气”，使身体保持干爽。避免用手搔抓患处。

（3）脚癣患者，宜穿棉纱袜，更应每天换洗袜子。鞋应透气，避免穿球鞋或长靴，减少脚底与脚趾汗液积存，以免让真菌有滋生的机会。患者穿特制的袜子（如分趾袜，将个别脚趾头包起来），同时涂抹爽身粉、止汗剂等。

（4）股癣患者，勿穿紧身内裤或化纤内裤，宜穿棉质宽松的内裤。

（5）忌食辛辣刺激性食物和发物，戒烟酒，饮食以清淡为宜，多吃新鲜蔬菜和水果。

（九）结膜炎

本病传染性强，应注意消毒，不要用手揉眼睛，洗漱用品不要共用，以防交叉感染。

任务实施

1. 根据任务信息中的情景描述，请你完成王女士的接待工作。

____

____

____

____

2. 根据任务信息中王女士的描述，请你完成病症的询问，为她推荐治疗药品并进行用药指导。

____

____

____

____

任务检测

情景一：顾客，男性，75 岁。其小孙子前几天发烧，而且咳嗽时有黄痰。由于顾客也是一名慢性支气管炎患者，家里常备止咳祛痰药。于是他就给小孙子服用了退烧药和消咳喘胶囊。治疗了几天，烧退了，但咳嗽没有减轻，痰液反而更稠了，好像有什么东西堵在嗓子眼，咳也咳不出来。

情景二：顾客，女性，35 岁。近日天气转凉，她的鼻炎又犯了，不停地打喷嚏、流鼻涕，实在太难受了，于是想买点药品缓解一下。

情景三：顾客王大姐 15 岁的儿子，口腔溃疡反复发作 2 年，发作时溃疡面疼痛明显，平时容易动怒且睡眠质量较差。于是王大姐想为儿子购买治疗口腔溃疡药物。

情景四：顾客，女性，30 岁。她中午外出时在小摊上买了一份凉皮吃，到了下午肚子就开始不舒服，出现腹痛的症状，且连续大便数次，大便呈水样状。

情景五：顾客王老师，由于前两日淋了雨，出现打喷嚏、鼻塞、流清涕、咽痒、鼻咽部不适、身冷、轻度恶寒等症状。王老师患的是什么疾病？应该为他推荐什么药品呢？

情景六：顾客李女士，由于最近工作繁忙，压力巨大，常常是刚吃完饭就立刻伏案工作，甚至晚上也时常加班，这两天有嗳气、腹胀、食欲不振等消化不良症状。她想买点药缓解一下。

情景七：顾客王大爷，60 岁，最近有点便秘，几天才排便一次，每次排便都很困难，而且排出的都是粗硬大便，他想买点促排便的药。

情景八：顾客王大叔，50 岁，双侧足跖角化过度，皮肤干燥粗厚、脱屑，想买点药。根据王大叔描述，此情况已经有两年了，每到冬季就会加重，到医院就医，被诊断为足癣。他使用过克霉唑软膏、咪康唑和酮康唑霜剂，但均未根治。现在又进入冬季，因足部发生皲裂，微感疼痛，想买点药缓解一下。

情景九：顾客王女士，30 岁，主诉近日眼睛有异物感，眼部红、痛，分泌物多，想买点眼药水缓解一下。

从上述的九个情景中，学生随机抽取一个进行角色扮演，教师结合岗位能力要求对其进行技能测试。实践检测评价表如表 4–19 所示。

表 4–19 实践检测评价表

基本信息	班级	姓名		学号		
	小组			组长		
序号	考核项目	评分标准	分值	自我评价	组内评价	教师评价
1	工作前准备	着装干净整洁，语言文明有礼，仪态端庄大方，举止自然得体，精神面貌良好	10			
		营业环境整洁、明亮、舒适，温度适宜	10			
2	西药处方药销售	针对临床表现每答对一点得 2 分，满分 10 分	10			
		从药店的货架上选择适当的药品，推荐给顾客	15			
		（1）药品的主要作用 10 分； （2）药品的主要临床应用 10 分	20			
		药品常见的不良反应，每答对一点得 2 分	10			
		药品的使用注意事项，每答对一点得 3 分	15			
3	结束工作	（1）询问顾客是否需要别的相关药品； （2）整理货柜	10			
总分			100			
综合评分（自我评价 20%，组内评价 20%，教师评价 60%）						

任务三 中药饮片的零售

任务信息

<table>
<tr><th colspan="3">中药饮片的零售</th></tr>
<tr><td colspan="2">工作岗位</td><td>营业员、调配员、处方审核员</td></tr>
<tr><td colspan="2">情景描述</td><td>今天，同心大药房来了一位顾客，他拿了一张中药处方单来配药。营业员小明现在正在考虑怎么调配这张处方，我们一起帮帮他吧！</td></tr>
<tr><td>情景描述</td><td colspan="2">同心医院门诊处方签
费别：医保　医疗证/医保卡号：180119666　处方编号：8075601
科别：中医科　日期：2021年3月15日
姓名：张XX　年龄：55岁　性别：☑男　☐女
住址：　电话：　过敏史：
临床诊断：胃痞
Rp:
半夏 15g　黄芩 9g　干姜 9g
党参 9g　炙甘草 9g　黄连 3g
大枣 4 枚
×5剂
每日一剂，水煎400mL，分早晚两次空腹温服
医生：刘xx　审核：王xx　金额：133.7元
调配：张xx　核对：洪xx　发药：林xx</td></tr>
<tr><td rowspan="3">学习目标</td><td>知识</td><td>1. 能解释中药处方用语，根据处方阐明其用药合理性；
2. 能判断中药配伍禁忌</td></tr>
<tr><td>能力</td><td>1. 能对中药处方书写的规范性进行审核；
2. 能根据处方单对药品进行调配；
3. 能完成中药处方药的销售</td></tr>
<tr><td>素养</td><td>1. 具有弘扬中华传统文化的自觉性；
2. 树立精益求精、严谨细心的从业意识；
3. 厚植爱国主义情怀，坚定文化自信</td></tr>
<tr><td>自学资源</td><td colspan="2">请扫描二维码，进行线上学习
PPT　中药处方药的销售</td></tr>
</table>

任务准备

一、中药处方药概述

1. 处方的组成、书写格式

（1）处方前记：也称为处方的自然项目，包括医疗、预防、保健机构名称、费别、患者姓名、年龄、性别、门诊号或住院号、科别或病区和床位号、临床诊断及开具日期等，并可添加特殊要求的项目。

（2）处方正文：以 R 或 Rp 开头，分别列药名、剂型、规格、数量，下一行写用法、用量。所开药品单价和总计金额通常也标明在正文中，也可列在前记或后记中。

（3）处方后记：包括医师签名或者加盖专用签章，药品金额及审核、调配、核对、发药药师签名或者加盖专用签章。

图 4-6 为中药处方范例。

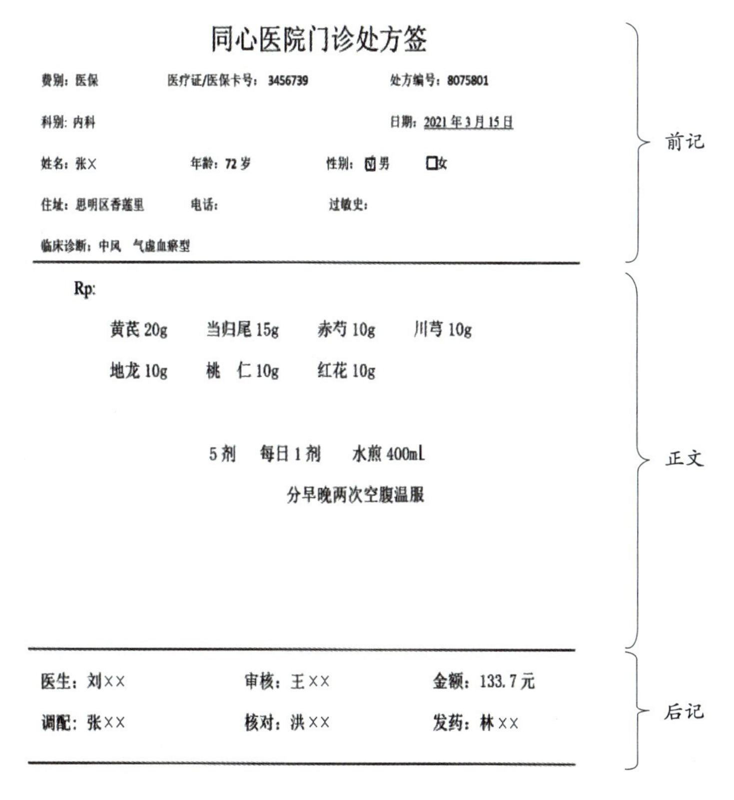

同心医院门诊处方签

费别：医保　　医疗证/医保卡号：3456739　　处方编号：8075801

科别：内科　　日期：2021 年 3 月 15 日

姓名：张×　　年龄：72 岁　　性别：☑男　□女

住址：思明区香莲里　　电话：　　过敏史：

临床诊断：中风　气虚血瘀型

Rp:

黄芪 20g　当归尾 15g　赤芍 10g　川芎 10g

地龙 10g　桃　仁 10g　红花 10g

5 剂　每日 1 剂　水煎 400mL

分早晚两次空腹温服

医生：刘××　　审核：王××　　金额：133.7 元

调配：张××　　核对：洪××　　发药：林××

图 4-6　中药处方范例

2. 中药处方中的常用术语

（1）中药处方通用名称。

①正名：以《中国药典》第一部，局、部颁《药品标准》或《炮制规范》为依据，以

历代本草文献为参考。中药正名是中药的规范化名称，一药一名。

②别名：除正名以外的中药名称，如甘草别名国老等。

③处方全名：

炮制类：如炮附子（或白附片、盐附子等，经炮制后减轻毒性）；酒大黄（酒蒸）缓和大黄泻下作用；炙首乌（黑豆黄酒炙）补肝肾，益精血，乌须发；炙麻黄（用蜜炙）缓和麻黄辛散之性，增强止咳平喘之功；煨姜（把生姜包在面团或湿纸中放在炭火内烧熟）温中止泻；醋柴胡增强舒肝解郁之功等；尚有荆芥炭、胆南星、姜半夏、水飞朱砂等。

修治类：修治是除去杂质和非药用部分，以保证药材符合医疗的需要。如金樱子（去核）、远志（去心）、乌梅肉（去核）、乌梢蛇（去头、鳞）、斑蝥（去头、足、翅）、蛤蚧（去头、足、鳞片）、巴豆（去油）等。

④并开药名：将 2 ~ 3 种疗效基本相似或有协同作用的饮片缩写在一起而构成并开药名。如生熟地、苍白术等。

（2）处方药品的合写与调配。

二术（白术、苍术）、乳没（乳香、没药）、二芍（白芍、赤芍）、焦三仙（焦神曲、焦麦芽、焦山楂）。并开处方中单味药的剂量按总量的平均值调配，如龙牡 30 g，即调配煅龙骨 15 g、煅牡蛎 15 g。若注明“各”，即为每味药的应付量，如龙牡各 30 g，即调配煅龙骨 30 g、煅牡蛎 30 g。

中药处方应付常规：中药调剂工作，根据医师处方要求和地区传统调配习惯，经多年形成一套用药规律，称为处方应付常规。在未注明生熟炒炙的情况下，可根据处方应付常规合理调配生熟炒炙等不同饮片，所以处方应付常规是调配中医处方的主要依据之一。

二、中药处方调配

1. 中药处方药销售流程

中药处方药销售流程如图 4-7 所示。

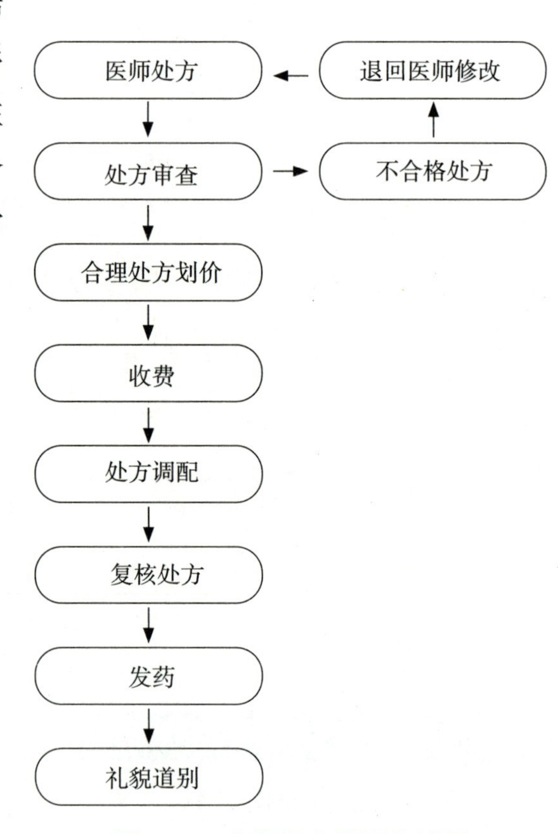

图 4-7 中药处方药销售流程

2. 操作要点

中药处方调配操作要点如表 4–20 所示。

表 4–20 中药处方调配操作要点

调配流程	操作要点
处方审查	审查中药处方时，应认真审查处方前记和药品的名称、剂量、用法、医生签字、日期等是否正确完整，有无相反、相畏、禁忌、毒性药品剂量超量等。若有疑问，应及时建议顾客与医师联系，请医师更正或重新签字后，方可进行调配。若发现配伍缺药，应请医师更换药品，店员不得擅自更改处方
合理处方划价	处方审查无误后，按处方的药味逐一计算得出每剂的总金额，填写在处方药价处。按照国家规定价格划价，做到准确无误。由于中药的别名较多，划价工作宜反复确认。其中，代煎药可加收煎药费。划价完毕，药价填入处方规定栏目后，审方计价人员必须签字，以示负责
处方调配	调配前再次审查相反、相畏、禁忌、毒性药品剂量等，确认处方没有差错。检查定盘星准，根据药品不同体积、重量选用适当的戥子，一般用克戥，一方多剂时用递减分戥法称量，每味药应逐剂回戥，特别是毒性药禁止凭主观估量，更不可随便抓配，其中： （1）处方中矿物药、动物贝壳类、果实、种子等坚硬药品，遵照处方中“捣碎”“打碎”“劈”等脚注说明，处理成小块或粗末方可入药； （2）不得将变质、发霉、虫蛀、不洁净等药品调配入药； （3）为便于核对，按照处方药味顺序调配，顺序间隔摆放； （4）先煎、后下、包煎、烊化、另煎、冲服等特殊煎煮方法的药品必须单独包装并注明。 配方完毕，配方人员需自行核对，确认全部无误后，根据处方内容填写好中药包装袋，并在处方上签名以示负责
复核处方	处方配好后，应将处方药名与实物一一核对，并在处方上签名，交校对人员复核。校对人员进行感观检查，并进行： （1）二保（保证质量、保证安全）； （2）三查（查处方、查用法、查禁忌）； （3）四对（对药名、对实物、对分量、对剂量）。 中药饮片处方要求随机抽查核对，逐剂清点包数，复核率应达到 100%。核对无误后在药袋上写明煎法及服法，将中药交患者或煎药室，核对中如有错误应查明原因，立即纠正。毒性中药的调配，要严格审查处方，内服和外用剂应严加区别，称量准确，单独分包，交代使用方法
发药	发药人员与处方复核人员不能为同一人员。发药时要坚持“三对”：对取药凭证、对姓名、对剂数，注意相同或相似姓名等，以防发错造成事故。无论内服或外用药都必须向取药者详细说明用法、用量、煎药方法、禁忌症，有先煎、后下、包煎等应给予提示。耐心解答患者提出的有关用药的问题，并做好相关记录。核对正确后，在处方上签字、发药

3. 中药处方药销售过程的质量控制点

中药处方药销售过程的质量控制点如表 4–21 所示。

表 4–21　中药处方药销售过程的质量控制点

销售过程	质量控制点
对接收的处方进行审核	1. 全面审方
	2. 审查处方是新方还是旧方
	3. 审查处方时应注意中药名称的差异
	4. 审查处方中有无毒性中药
	5. 审查处方中有无相反、相畏药品
	6. 审查处方中有无临方制剂加工
	7. 审查处方中有无急、重患者用药
划价控制	按照国家规定价格划价
调配处方	1. 处方应付
	2. 随时核对
	3. 另包
	4. 填写包药袋
处方复核	由药师对调配后处方及药品进行复核

三、配伍禁忌的主要内容

中药配伍禁忌如表 4–22 所示。

表 4–22　中药配伍禁忌

十八反歌诀	本草明言十八反， 半蒌贝蔹芨攻乌。 藻戟遂芫俱战草， 诸参辛芍叛藜芦	“乌头”包括川乌、草乌、附子（统称“乌头类”）； “半夏”包括生半夏、清半夏、姜半夏、法半夏； “瓜蒌”包括瓜蒌皮、瓜蒌子、瓜蒌根（天花粉）； “贝母”包括川贝母、浙贝母、平贝母、伊贝母、湖北贝母； “大戟”包括京大戟； “诸参”包括人参、丹参、玄参、南沙参、北沙参、人参叶、西洋参、党参、苦参； “芍药”包括赤芍、白芍。 即乌头反半夏、瓜蒌、贝母、白蔹、白及； 甘草反海藻、大戟、甘遂、芫花； 藜芦反诸参（人参、丹参、玄参、沙参）、细辛、芍药

续表

十九畏歌诀	硫黄原是火中精，朴硝一见便相争；水银莫与砒霜见，狼毒最怕密陀僧；巴豆性烈最为上，偏与牵牛不顺情；丁香莫与郁金见，牙硝难合荆三棱；川乌草乌不顺犀，人参最怕五灵脂；官桂善能调冷气，若逢石脂便相欺	硫黄畏朴硝，水银畏砒霜，狼毒畏密陀僧，巴豆畏牵牛，丁香畏郁金，川乌、草乌畏犀角，牙硝畏三棱，官桂畏石脂，人参畏五灵脂
妊娠禁忌（妇女妊娠期间应禁止使用或须谨慎使用的药品）	禁用药：多为毒性较强和药性峻猛之品	毒性中药:水银、砒霜、雄黄、轻粉、斑蝥、蟾酥、马钱子、川乌、草乌。 催吐药：胆矾、藜芦、瓜蒂。 峻下逐水药：巴豆、甘遂、大戟、芫花、牵牛子、商陆。 破血逐瘀药：麝香、干漆、水蛭、虻虫、三棱、莪术
	慎用药	活血祛瘀药：牛膝、川芎、红花、桃仁、姜黄、牡丹皮。 行气药：枳实。 攻下药：大黄、芒硝、番泻叶、芦荟。 温里药：附子、肉桂

调剂时发现有“十八反”“十九畏”药的处方，应拒绝调配。

任务实施

1. 查阅相关信息，判断图 4-8 所示的处方书写是否规范，用药是否合理，并完成该处方的调配。

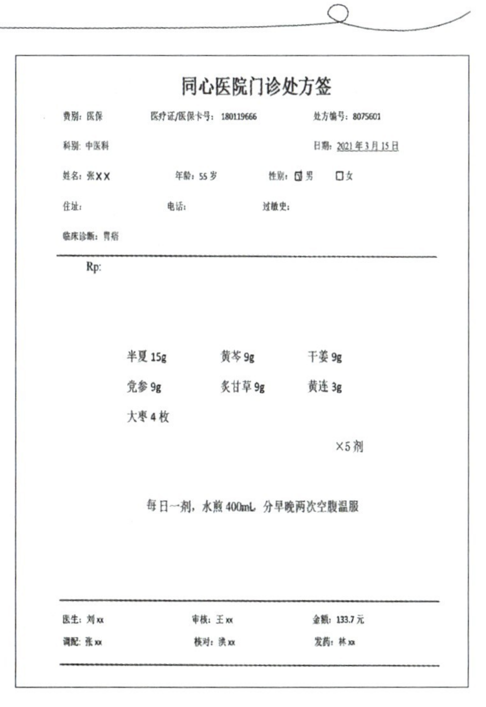

同心医院门诊处方签

费别：医保　医疗证/医保卡号：180119666　处方编号：8075601

科别：中医科　日期：2021年3月15日

姓名：张XX　年龄：55岁　性别：☑男　☐女

住址：　电话：　过敏史：

临床诊断：胃痞

Rp:

半夏 15g　黄芩 9g　干姜 9g

党参 9g　炙甘草 9g　黄连 3g

大枣 4 枚

×5 剂

每日一剂，水煎 400mL 分早晚两次空腹温服

医生：刘xx　审核：王xx　金额：133.7 元

调配：张xx　核对：洪xx　发药：林xx

图 4-8　中药处方

2. 任务信息中的营业员小明已经完成处方审核工作，接下来小明应该如何操作？有什么需要注意的细节？

3. 判断以下说法是否正确。查阅资料，说明原因。

（1）处方调配过程中，生石膏、龟甲需要单独包装，注明先煎。

（2）装斗操作掌握“后入者先出”的原则。

任务检测

情景一：顾客李某，患有高血压，病史 10 年，上午 9 点在活动中突然昏倒，不省人事，出现右半身不遂，口眼歪斜，牙关紧闭，面红气粗，两手固握，鼻鼾痰鸣，肢体强痉拘急，身热汗出，躁扰不宁，体温 38.5℃，血压 180 / 110 mmHg，舌质红绛，舌苔黄腻，脉弦滑数。就诊后，李某家属拿中药处方来店购买中药。

情景二：顾客王某有 11 年胃病史，每年秋冬季多有发作。近 2 年来出现 3 次吐血和黑便，曾在市某医院做纤维胃镜检查，被诊断为“胃溃疡”。就诊前一天饮酒较多，而后胃痛逐渐加重，自服法莫替丁疼痛稍缓解，次日清晨觉胸闷、恶心，随即吐出咖啡样液体约 150 mL，内夹有食物残渣，家人即刻把他送往中医学院附属医院诊治。顾客拿中药处方来药店买药，同时向店员询问注意事项。

情景三：顾客李某 3 天前外出进餐后，次日早上出现发热恶寒，头痛，腹部疼痛，以脐周为主，频频临厕，日便十多次，大便量少，伴有赤白黏液，里急后重，肛门灼热，口干口苦，小便短赤，舌红苔黄腻，脉浮滑数，化验发现白细胞升高，大便有脓细胞等。李某来药店咨询，值班店员与其交流后，建议其前往医院就诊。李某被诊后拿中药处方来店购买，店员对其进行详细的用药指导和健康教育，李某对店员的服务很满意。

从上述的三个情景中，学生随机抽取一个进行角色扮演，教师结合岗位能力要求对其进行技能测试。中药处方零售技能评分表如表 4–23 所示。

表 4-23　实践检测评价表

基本信息	班级		姓名	学号		
	小组			组长		
序号	考核项目	评分标准	分值	自我评价	组内评价	教师评价
1	职业形象准备	个人卫生、仪容仪表、言谈举止、服务态度等是否符合标准，是否以饱满、积极的精神状态迎接工作等	10			
2	环境要求	药店营业环境是否整洁明亮、舒适怡人，药品是否摆放整齐等	10			
3	设施和药品准备	药品是否齐全、药材是否变质，药品待售状态是否良好，药品价格是否熟记，物品准备是否齐全等	10			
4	处方审查	处方中的问题是否找出，包括药品的名称、剂量、用法、医生签字、日期等是否正确完整，有无相反、相畏、禁忌、毒性药剂量超量等	10			
5	处方划价	是否按照国家规定价格划价，做到准确无误	10			
6	处方调配	是否按照调配流程进行调配，是否将先煎、后下、包煎、烊化、另煎、冲服等特殊煎煮方法的药品单独包装并注明，处方最后是否有签名等	10			
7	复核处方	是否将处方药名与实物一一核对，是否进行“二保、三查、四对”等操作	10			
8	发药	是否坚持“三对”（对取药凭证、对姓名、对剂数），是否向取药者详细说明用法、用量、煎药方法、禁忌症，是否给予先煎、后下、布包煎等提示，处方最后是否有签字等	10			
9	理货和补货	中药斗签是否规范化，是否做到一药一名，一药一签等	10			
10	处方登记和保存	工作完毕后是否及时清点处方及单据，按日分类装订成册，妥善保存	10			
总分			100			
综合评分（自我评价 20%，组内评价 20%，教师评价 60%）						

任务四 贵细药材的零售

任务信息

贵细药材的零售		
工作岗位	营业员、调配员、处方审核员	
情景描述	今天，同心大药房来了一位顾客，他拿来几种贵细药材，想咨询关于贵细药材真伪与质量的问题。营业员小明现在正在考虑如何向顾客解说，我们一起帮帮他吧。	
学习目标	知识	1. 能够描述贵细药材的功效、挑选、使用等相关内容； 2. 能够介绍贵细药材常见的销售方法
学习目标	能力	1. 能够为顾客介绍贵细药材的基础知识； 2. 能够初步挑选贵细药材； 3. 能够使用适宜方法销售贵细药材
学习目标	素养	1. 养成严格谨慎、规范操作的工作习惯； 2. 树立明辨是非、廉洁自律的从业意识； 3. 厚植爱国主义情怀，坚定文化自信
自学资源	请扫描二维码，进行线上学习 PPT 阿胶 西洋参 鹿茸 三七 石斛 天麻 灵芝 拓展阅读	

任务准备

一、贵细药材辨认

贵细药材辨认总结起来主要有“望”“闻”“问”“切”的方法（表 4–24），对中药材及中药饮片的性状，包括形状、大小、色泽、表面、断面、气味、质地等特征进行观察，作为鉴别中药真伪优劣的依据。大多数药材是一个复合物，不是单一成分，而对其质量真伪优劣的评判，最直接的方法是凭借中药的形、色、气、味、质等特征。

表 4–24　贵细药材辨认方法

方法	特征
望	用肉眼直观中药的特征，包括看形状、大小、色泽、表面、断面、质地六个方面。每种中药都有一定的外形特征，如人参根的外形包括枣核芋、珍珠须、雁脖芦、铁线纹，通过对这些特征的观察，可以初步辨认贵细药材的真伪和质量的好坏
闻	有些贵细药材有特殊的香气或气味，这是由于贵细药材中含有挥发性物质。用鼻闻是比较重要的鉴别方法，尤其对鉴别一些有浓郁气味、有特征性气味的中药非常有效。如鹿角霜嗅之带石灰气、东阿阿胶有淡淡的胶香味、西洋参有浓郁的芳香气味等
问	询问、查询贵细药材的产地、来源等信息也是鉴别药材真伪优劣的重要方法之一，如灵芝以泰山赤芝和武夷山灵芝最负盛名，冬虫夏草以青海、西藏产者质量最佳，云南文山三七优势最强等
切	有些贵细药材通过切的操作，观察其脆碎度、性状、品级、品种也能进一步辨别真伪优劣，如切三七、冬虫夏草个头等

二、贵细药材的介绍

（一）阿胶

1. 阿胶的功效

性味归经：味甘平。归肺、肝、肾经。

功能主治：补血滋阴，润燥，止血，用于血虚萎黄，眩晕心悸，肌痿无力，心烦不眠，虚风内动，肺燥咳嗽，劳嗽咯血，吐血尿血，便血崩漏，妊娠胎漏。

2. 阿胶的辨认

阿胶的辨认如表 4–25 所示。

（1）望：外表。

品质好的阿胶呈规则的长方形，大小、厚薄一致，表面平整光亮、色泽均匀，呈暗红色。

（2）闻：气味。

正宗阿胶有淡淡的胶香味。正宗阿胶放入杯中，加适量沸水，放置 1 ~ 2 分钟，胶液澄清，有清香味。劣质阿胶液体浑浊，有刺鼻的异臭味。

（3）问：来源、产地。

阿胶是以驴皮为原料，经煎煮、浓缩等 50 多道工序炼制而成的固体胶块，具有补血滋阴、润燥止血的功效，一般以产自山东省东阿县的最为正宗。

（4）切：脆碎度。

正品阿胶用力拍在桌面上，碎裂成数块，碎片断面呈棕色、半透明、无异物；伪品阿胶则较坚韧，易弯曲、不易打碎。

表 4–25　阿胶的辨认

动作	辅助工具	内容	结果
望	用手电筒照一照	外表	
闻	用鼻子闻一闻	气味	
问	用书籍、互联网查一查	来源、产地	
切	用锤子敲一敲	脆碎度	

好阿胶的标准

望其表——透亮光泽

闻其味——淡淡胶香

问其源——山东东阿

切其质——硬脆易碎

（二）西洋参

1. 西洋参的功效

性味归经：味苦，微甘，性寒。归心、肺、肾经。

功能主治：具有补气养阴、清火生津的功效。用于烦渴少气、口干舌燥、喘咳痰血等症状。

2. 西洋参的辨认

（1）望：性状。

①形体上。

进口西洋参：呈圆形或纺锤形，土黄褐色，表面皮环纹明显而细腻，有珍珠点，外皮较粗糙。

国产西洋参：呈长圆柱形，土黄或黄白色，表面皮环纹较不明显，珍珠点少，外皮较光滑。

②断面上。

进口西洋参:断面黄白，粉粒较少，皮部树脂道朱砂点明显，横纹紧密，菊花心明显。

国产西洋参：断面较白，粉粒较多，皮部树脂道朱砂点较不明显，横纹稀少，菊花心色浅。

此外，根据不同加工方式，还可将西洋参分为“原丛”“圆粒”“短粒”“枝”四个药品规格。

原丛：只剪去须根的产品。圆粒：修剪后主根长度与直径较接近的产品。短粒：修剪后主根长度明显大于直径的产品。枝：修剪后用于切片的软枝产品。

（2）闻：气味。

西洋参性凉，味甘而微苦，有浓郁的芳香气味，尤其是进口西洋参香气更浓，味道微苦带甘甜，入口参味持久不散，而国产西洋参香气较淡，味道较苦而后转淡，久嚼有棉絮感。

（3）问：产地。

西洋参是五加科植物西洋参的干燥根。以新鲜西洋参为原料，刷洗后经晒干或烘干而制成的产品。西洋参原产于北美加拿大的东南部和美国的东部，我国主要产于北京怀柔、东北吉林、山东文登等地。进口西洋参以美国出产的质量为优，国产西洋参以北京怀柔出产的质量最好。

（4）切：种类。

进口西洋参。美国产西洋参：也称为美国花旗参，在西洋参中质量最好，价格最贵。加拿大产西洋参。为现今进口西洋参的主流品种，比国产西洋参价格稍高。

国产西洋参。东北产西洋参:东北地区为我国西洋参种植面积最大、产量最多的地区，主要以山地栽培为主。山东产西洋参：主要分布在文登及周围县市，以大田种植为主，产量及质量有后来居上的趋势。北京产西洋参：北京怀柔区土壤、气候、水资源等条件与美国、加拿大相似，因此质量较好。

野生西洋参：我国早期引进西洋参时其均为野生，但如今野生西洋参已经非常稀有和珍贵了。

好西洋参的标准

望其表——朱砂横纹菊花心

闻其味——芳香浓郁苦带甘

问其源——北美引进有渊源

切其质——进口花旗胜国产

（三）鹿茸

1. 鹿茸的功效

性味归经：性温，味甘、咸。归肝、肾经。

功能主治：补肾阳，益精血，强筋骨。用于肾虚阳痿遗精，宫冷不孕，眩晕耳鸣，筋骨无力，腰膝酸痛，崩漏带下，阴疽不敛。

2. 鹿茸的辨认

（1）望：外形。

鹿茸的整体形状犹如树枝，分为茸根、主干、侧枝、顶杈、虎口等。

按来源分，有花鹿茸和马鹿茸。花鹿茸呈现圆柱体分枝；和花鹿茸相比，马鹿茸整体看上去要大出许多。不同于花鹿茸只有一个分枝，马鹿茸具有多个分枝，且粗大。

（2）闻：气味。

花鹿茸片气味腥，味微咸，通常用酒精浸泡，烘干时则可闻到较重的腥味。马鹿茸片，则气腥臭，味咸。

（3）问：来源、产地。

鹿茸为雄性梅花鹿或马鹿未骨化的幼角，前者称“花鹿茸”即黄毛茸，后者称“马鹿茸”即青毛茸。

鹿茸主要产于东北三省、河北、四川、青海、甘肃等地。

（4）切：性状。

蜡片：鹿茸的顶尖部位切片而成，外皮较厚，但内质细嫩、组织致密、油润如脂、色泽蜡黄，数量最少，品质最优。

半蜡片：鹿茸的尖端略下部位切片而成，蜡质程度不如蜡片，蜡圈略少，品质次之。

粉片：鹿茸中上段切片而成。厚度均匀，片面整齐，组织致密，质地稍老，中间有蜂窝状细孔。

粉片又分为红粉片和白粉片。红粉片：藏血鹿茸加工而成，呈红棕色，血色分布均匀；白粉片：排血鹿茸加工而成，呈灰白色略带黄色。

血片：鹿茸中段偏下部位切片而成，因含血液色泽暗红，质地较紧密。

骨片：最近骨端的鹿茸段切成，含有大量的骨胶质，质量最次。

总之，鹿茸按药用价值，由上到下，顶尖的质量最好，越往下质量越差。

好鹿茸的标准

望其表——形如树枝

闻其味——气腥味咸

问其源——东北三省

切其质——上优下次

（四）三七

1. 三七的功效

性味归经：味甘、微苦、性温、归肝、胃经。

功能主治：具有散瘀止血，消肿定痛的功效。用于咯血，吐血，衄血，便血，崩漏，外伤出血，胸腹刺痛，跌打肿痛。

2. 三七的辨认

（1）望：性状。

三七的性状可以用一句话概括为：铜皮铁骨菊花心。

铜皮，即未水洗三七表皮颜色与种植的土壤颜色有关，但经过水洗的三七本色为铜灰色。

如颜色过分发黑、发黄可能未彻底清洁；看上去光亮，手感滑腻的三七一般是为了掩盖缺陷做过打蜡处理。

铁骨，是指质地坚硬难折断，相互敲击的三七主根有清脆的声音，这也是鉴别三七是否完全干燥的重要标准。

菊花心，是形容三七主根断面的放射纹理，颜色呈灰绿色、灰白色或黄绿色。

此外，大多数三七还有“狮子头”，即三七主根顶端及周围的瘤状突起物。

（2）闻：气味。

三七气味微苦而回甜，有浓浓的中药味，为三七所独有的气味，略带一点点土腥味。如果磨成粉，在口中尝，是微苦而回甜的。

（3）问：来源、产地。

三七为五加科植物三七的干燥根和根茎。主要生产于云南省文山州各县及广西田阳、靖西、田东、德保等地，又称为“田七”。云南文山三七占全国三七总产量的98%，在价格和品质上都有很强的优势。

（4）切：三七的头数是指每斤（500 g）中三七的个数。

不同头数代表三七的等级，头数越少的三七种植年份越长、个头越大、药用价值越高、服用效果越好。三七从播种到收获，最少要 3 年，3 ~ 7 年的药效最好。春三七与冬三七的鉴别如表 4–26 所示。

表 4–26 春三七与冬三七的鉴别

品种	春三七	冬三七
收挖时间	于每年 9—12 月收挖	于 12 月—次年 2 月收挖
体格	饱满健壮	干瘪瘦小
外貌	细纹紧密无裂痕	皱缩不饱满
内在	坚实不空泡	稀疏泡松
品质	优良	较差

挑选三七的口诀

望其表——铜皮铁骨菊花心

闻气味——微苦回甜土腥味

问其源——文山三七品质好

切其质——头少个大质量高

（五）石斛

1. 石斛的功效

性味归经：味甘，微寒。归胃、肾经。

功能主治：具有养胃生津、滋阴除热的功效。用于津伤口渴，食少便秘，虚热不退，目暗昏花。久服，厚肠胃、轻身、延年。

2. 石斛的辨认

（1）望：性状。

石斛为兰科植物金钗石斛、鼓槌石斛、流苏石斛的新鲜或干燥茎。

石斛又名枫斗。枫斗的取名与石斛的采收季节有关，“枫”与“丰”谐音，表示采收、加工之时为秋冬之际，枫叶正红，而石斛取得了丰收，人们加工成的石斛成品可以用斗来盛装，故又名枫斗。

石斛外形为螺旋形或弹簧状。通常有 2 ~ 6 个旋纹，茎拉直后长 3.5 ~ 8 cm，直径 0.2 ~ 0.4 cm。表面呈黄绿色或略带金黄色，有细纵皱纹，节明显，节上有时可见残留的灰白色叶鞘；一端可见茎基部留下的短须根。

（2）闻：气味。

因石斛是用炭火慢慢地烘烤，经过揉搓，卷成弹簧状固定成型，烘干而成，因此细细闻石斛有淡淡的炭火味和草香味，无异味;久嚼无渣，胶质饱满，胶质越多，质量越好，俗话说“看似一棵草，嚼时一粒糖”。

（3）问：来源、产地。

石：生长于悬崖绝壁的岩石上；斛：古代十斗为一斛，是古代最大的量器，是尊贵的象征。古人用当时最大的容量单位“斛”来为其命名，以表示它的珍贵，可见石斛在古人心中的地位。石斛主要生长于我国云南、贵州、广西、广东、福建等地，其中以云南省玉溪市、保山市和楚雄市的石斛为佳。

（4）切：辨别。

看成品：一般以做工精细、大小均匀、颗粒饱满者为佳。

看颜色：一般多糖含量高的其色泽偏深，呈黄紫色；多糖含量少的其纤维含量高，颜色多以黄色为主。

摸质量：铁皮石斛多糖含量很高，水分较少，其干品密度较其他品种石斛的要大，放在手上更为厚重，个头沉实。其为最佳。

拉两边：将石斛从中间的位置往两边拉，一般多糖含量比较高的，只要轻轻一拉，就会从中间断裂，假的则拉很长也很难断裂。

挑选石斛的口诀

望其表——铁皮枫斗铁绿色，螺旋上升似弹簧。

闻气味——炭火慢烤青草香，久嚼无渣一粒糖。

问其源——悬崖峭壁岩石上，十斗一斛扬中华。

切其质——颗粒均匀色泽深，厚重沉实易折断。

（六）天麻

1. 天麻的功效

性味归经：天麻味甘，性平。归肝经。

功能主治：具有息风止痉，平抑肝阳，祛风通络的功效。用于小儿惊风，癫痫抽搐，破伤风，头痛眩晕，手足不遂，肢体麻木，风湿痹痛。

2. 天麻的辨认

（1）望：性状。

新鲜天麻色泽嫩黄，表面有点状环纹。一端会突起一个红褐色尖头，俗称“鹦哥嘴”；另一端则有一个圆形的“肚脐眼”。

天麻药材皱缩扁圆而稍弯曲，表面姜皮样，并有芝麻点，断面黄白色、半透明。

天麻的整体性状用民间口诀可以概括为：

天麻扁圆或长圆，点状环纹十余圈；
头上嫩芽鹦哥嘴，末端凹痕肚脐眼；
断面黄白或黄棕，镇惊祛风治头晕。

（2）闻：气味。

天麻块茎折断后常发出的一种特殊气味，因略似马尿，故称为“马尿臭”。

（3）问：产地。

天麻为兰科植物天麻的干燥块茎，又名赤箭、离母、合离草，因“其茎如箭杆”，赤色而得名。

天麻的产地有四川、云南、贵州、陕西、湖北、吉林长白山等，其中以云南昭通出产的为优。天麻的功效主要看天麻素含量，昭通出产的天麻的天麻素含量较高。

（4）切：天麻品种。

天麻品种有四个，红天麻、绿天麻、黄天麻和乌天麻，以红天麻和乌天麻为主，其中红天麻产量最高，乌天麻质量最好。四种颜色主要指茎杆的颜色，而非肉质。乌天麻的形状好，短而粗，呈椭圆形，个头大；红天麻直径小，呈长条形。

挑选天麻的口诀

望其类——红绿黄乌有分别
闻其味——马尿臭味真特别
问其产——云南昭通质最优
切其质——鹦嘴肚脐点状纹

（七）灵芝

1. 灵芝的功效

性味归经：味甘，性平。归心、肺、肝、肾经。

功能主治：补气安神，止咳平喘。用于心神不宁，失眠心悸，肺虚咳喘，虚劳短气，不思饮食。

2. 灵芝的辨认

（1）望：性状。

灵芝原有六种，即赤芝、黑芝、青芝、白芝、黄芝、紫芝，合称六芝。真正有药用价值且被收录进《中华人民共和国药典》的只有赤芝和紫芝。

赤芝：外形呈伞状，菌盖呈肾脏形、半圆形或近圆形，皮壳坚硬，黄褐色至红褐色，有光泽，具环状棱纹和辐射状皱纹，菌肉白色至淡棕色。

紫芝：皮壳呈紫黑色，有漆样光泽，菌肉呈锈褐色。

（2）闻：气味。

灵芝气微香或无气味，味苦涩，尤其是赤芝，味较苦，药效高。

（3）问：来源、产地。

灵芝为多孔菌科真菌赤芝或紫芝的干燥子实体。

灵芝的分布较为普遍，在我国有四大灵芝生产基地——山东泰山、福建武夷山、安徽大别山、吉林长白山，其中以泰山赤芝和武夷山灵芝最负盛名。

（4）切：辨别——“三看一防”。

一看色泽：优质的灵芝色泽光亮，菌盖呈淡黄色或金黄色，大部分人工种植的灵芝无虫孔。

二看种植方式：灵芝的种植方式主要有袋料种植和段木种植。袋料种植是以农作物为主要原料，装在袋中培育灵芝；而段木种植则是以一段经过处理的木材为原料来培育灵芝，种植出的灵芝质量更好。

三看采收时间：灵芝的最佳生长期一般为 4 ~ 5 个月，灵芝孢子粉处于成熟但未弹射的状态。

慎防“一芝两用”，灵芝在出完孢子粉后功效会大大降低，因此应慎防一株灵芝既用子实体，又用孢子粉。

挑选灵芝的口诀

望其表——伞状形，皮壳硬，黄褐色，有光泽
闻气味——气微香，味苦涩，赤灵芝，药效高
问其源——鲁泰山，闽武夷，大别山，长白山
切其质——看色泽，看种植，采收时，防两用

三、贵细药材销售方法

（一）关联销售

1. 应用原则

（1）了解病情及用药：在进行销售时应先了解顾客的病情和症状，以及所用药品的功能主治、适应症、注意事项等，关联销售是以解除顾客的病痛为前提，而不是为了关联而关联。

（2）具体正向协同作用：在了解顾客病情和用药的前提下，关联销售贵细药材能够为顾客治疗疾病起到协同促进作用。

（3）具有抑制拮抗作用：针对顾客所服用的药品可能造成的不良反应，关联相适应的贵细药材能够对这些不良反应起到拮抗作用或者减少不良反应。

2. 应用场景

（1）当顾客患有某些慢性疾病，需要长期用药时，可以为顾客介绍西洋参、灵芝等贵细药材，用于辅助治疗，提高身体素质。

（2）当顾客指定购买某种药品时，可以联想到顾客可能患有哪些疾病，针对这些疾病，哪些贵细药材能起到辅助治疗的作用，从而为顾客进行介绍。

（3）当顾客并没有指定购买某种药品，只是描述哪里不舒服时，除了介绍符合适应症的药品外，还可以介绍适宜的贵细药材，用于调节人体机能，提高免疫力，治标更治本。

（4）当顾客用于保健的目的而购买药品时，可以询问顾客的健康状况，了解其保健需求，从而介绍相适应的贵细药材。

（二）体验营销

（1）知觉体验：即传统的感官体验，如味觉、嗅觉等，例如，在销售西洋参时，可以泡好西洋参茶供顾客品尝，顾客在品尝过程中获得了良好的体验，从而促成交易。

（2）行为体验：即让顾客亲身参与到活动中，从而自发地改变生活行为。例如，在销售阿胶时，可以通过举办活动，让顾客在现场亲身参与阿胶糕的制作过程，从而形成购买冲动。

（3）情感体验：即顾客在消费过程中能够体验其内在的感情，如亲情、友情和爱情等。例如，在销售贵细药材时，可以对药材进行精美包装，便于顾客送礼，体现爱心、孝心等。

（三）微信推广

1. 推广方式

（1）订阅号：每天有 1 次群发机会，主要用于给顾客持续提供信息。

（2）服务号：每月有 4 次群发机会，可进行微信支付，主要用于给顾客提供服务。

（3）微信群：可即时向顾客推送消息，发放福利等，还可与顾客随时进行交流。

（4）朋友圈：可以随时发布产品信息、优惠活动、预告通知等，方便快捷，并且能够转发，进行快速、广泛的传播。

2. 消息推送

（1）产品信息：如店内各类参茸贵细药材或者主打药品的信息，品牌厂家等。

（2）销售活动：如店内参茸产品的库存情况、到货情况、优惠活动等。

（3）投其所好：根据不同顾客的不同兴趣推送不含营销内容的信息，如养生知识、心灵鸡汤等。

（4）特色服务：结合自身情况，发布特色服务内容，如送货上门、免费诊断、代煎中药、参茸加工等。

（四）推送时间

（1）早晨开店时：通常这个时间，大多数人在上班途中，路途中坐车看手机比较多，在这个时间发出消息，顾客较容易接受，但要注意节假日除外。

（2）午餐时间：这个时间，是很多人忙碌一上午后的休息时间，也有时间看推送的消息。

（3）晚饭之后：这个时间，是很多人放松休闲的时间，在这个时间发布消息，顾客也比较容易接受。

任务实施

1. 请选出表 4–27 中不同药材图片对应的名称，在正确的药材名称括号里打“√”。

表 4–27　药材图片及应对名称

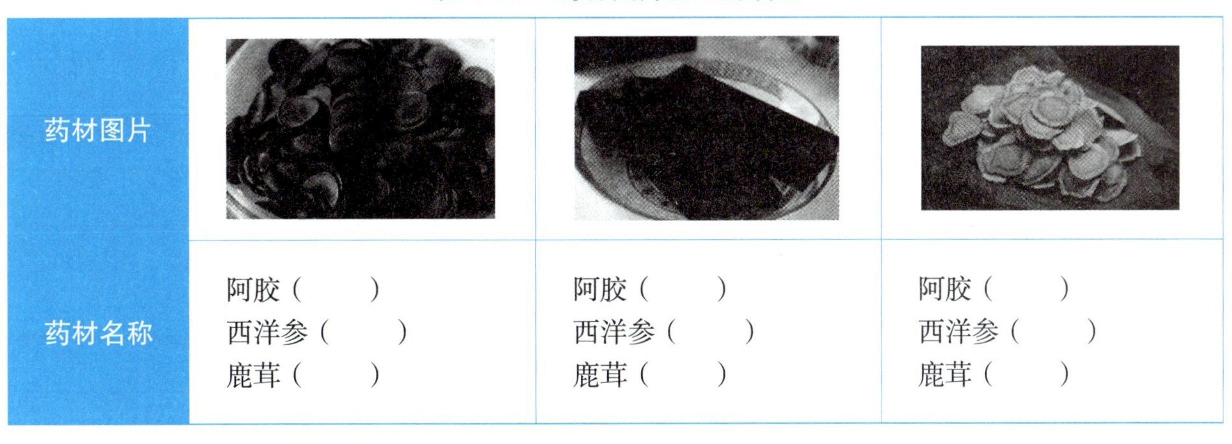

药材图片			
药材名称	阿胶（　　） 西洋参（　　） 鹿茸（　　）	阿胶（　　） 西洋参（　　） 鹿茸（　　）	阿胶（　　） 西洋参（　　） 鹿茸（　　）

2. 观察图 4–9，你能否辨认出药材的真假优劣？查阅资料解读本药材相关形状特征，解读图片展示药材的辨认要点。

图 4–9 药材辨认

3. 某大型连锁药店在一生活小区旁开了一家分店，由于该生活小区人流较大且居民的健康保健意识较强，经常会有顾客前来咨询用药知识，同时有很多顾客对滋补品表现出较强的兴趣。虽然这个小区附近也有好几家其他药店，但该分店有意加强贵细参茸类产品的销售，以抢夺客源，打败竞争对手。

（1）如果你是该分店的营业员，你会如何通过所学的专业知识帮助该分店实现目标？具体怎么做？

（2）在贵细药材销售过程中，需要注意什么？

任务检测

情景一：顾客李某，40 岁。自觉身体虚弱，没力气，容易流汗，稍微活动一下便觉得累，想买一些补品，来店咨询，你作为该药店的店员，该如何接待这位顾客及推荐药品？

情景二：顾客王某，50 岁，前不久购买了两根很相似的“冬虫夏草”，但由于自身知识水平有限，无法辨认真伪，他来到药店想让你帮忙辨认，你该如何辨认？

情景三：假设你是某药店店员小明，店长计划在本店开展阿胶销售活动，让你设计一个可行的方案，你会怎么设计呢？

从上述的三个情景中，学生随机抽取一个进行角色扮演，教师结合岗位能力要求对其进行技能测试。贵细药材销售评价表如表 4–28 所示。

表 4–28　贵细药材销售评价表

基本信息	班级	姓名	学号			
	小组		组长			
序号	考核项目	评分标准	分值	自我评价	组内评价	教师评价
1	职业形象准备	个人卫生状况良好，仪容仪表得体，符合药店工作人员形象规范。 言谈举止文明、专业，展现良好素养。 服务态度热情、耐心、积极，以饱满且亲和的精神状态迎接顾客与工作	20			
2	环境要求	药品陈列有序、分类清晰、标识明确，方便顾客查找与选购	20			
3	药材知识	能够准确、详尽地向顾客介绍各类药材的功效、适用病症、使用方法及注意事项。 熟练掌握药材挑选的标准与技巧，为顾客提供专业的选购建议	20			
4	销售技巧	学会使用关联销售、体验营销、微信推广等方式向顾客推荐药品	20			
5	工作习惯	工作完毕后是否及时清点处方及单据，按日分类装订成册，妥善保存	20			
总分			100			
综合评分（自我评价 20%，组内评价 20%，教师评价 60%）						

项目小结

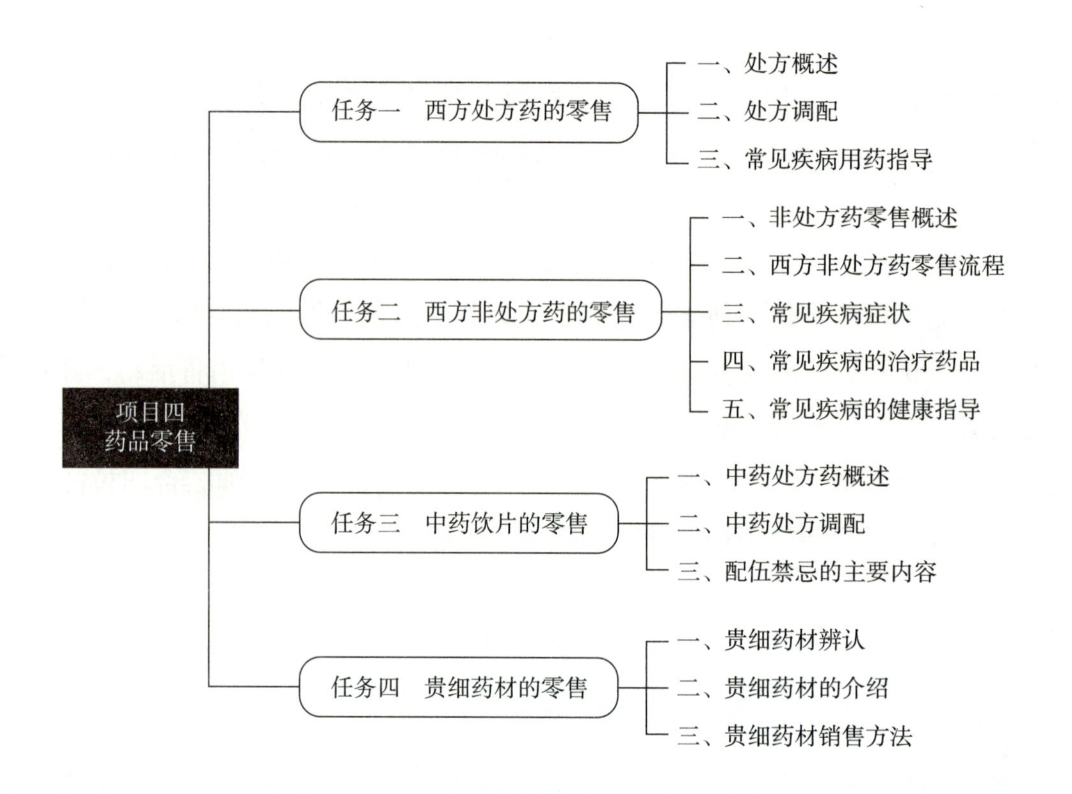

素养园地

（关键词：悉心照护）

小陈是一家知名连锁药店的药师，他对待工作非常敬业，总是以顾客的需求为先，全心全意为顾客提供悉心的照护。有一天，药店里来了一位年迈的大爷，他显得有些疲惫，表示自己最近总是咳嗽，希望能购买一些止咳的非处方药来缓解症状。

小陈耐心地询问了大爷的生活习惯、饮食情况及咳嗽的具体表现。在清楚了解大爷的症状后，他并没有急于给大爷推荐药品，而是先观察了大爷的咽喉症状，用听诊器听了一下肺部呼吸声。小陈向大爷解释，他的肺部有明显的湿啰音，有可能是肺部感染、支气管炎等而导致咳嗽，他建议大爷先去医院就诊，以便更准确地诊断病因。

大爷表示自己行动不便，去医院看病很困难。了解到这一情况后，小陈主动提出帮助大爷联系附近的社区卫生服务中心，为大爷预约了一次免费的健康检查。通过社区卫生服务中心的检查，大爷被诊断为肺炎，医生给予了相应的治疗和建议。在遵循医生建议的同时，小陈也指导大爷调整生活习惯，如保持良好的作息时间、适当锻炼和调整饮食等，以改善咳嗽症状。随后几天他还不定时给大爷打电话询问症状，指导他合理用药等。

几天后，大爷来到药店向小陈表示感谢，现在他的咳嗽症状已经得到了明显改善。

小陈作为社区药店的药师，不仅关注顾客的症状，还关心顾客的生活习惯和健康状况，为顾客提供全方位的帮助。作为药店未来的从业者，你觉得应该如何发挥自己的专业知识，为顾客提供更多的帮助和支持？

项目五 药学服务

项目概述

药品零售不仅需要专业的知识，还需要良好的服务态度和对患者负责的精神。药品零售不仅仅是销售药品，更是传递健康和关爱的过程。尤其是随着人们健康意识的提高，药品零售已从以销售为导向逐渐转变为以服务为导向。在提供专业药学咨询的同时，也需要注意服务礼仪，学会面对不同类型顾客时的不同服务技巧。同时，在遇到顾客投诉时要妥善处理，提供良好的售后服务，解决顾客的实际需求，避免冲突和矛盾。最后，在服务慢性病患者的过程中，要深刻理解慢性疾病的复杂性和长期性，做好患者档案管理，指导患者合理用药，帮助其养成良好的生活习惯。

任务一 顾客接待

任务信息

顾客接待	
工作岗位	营业员
情景描述	药师小明接待了王大爷。王大爷正在挑选眼药水，小明积极热情地介绍说：“王大爷，这种眼药水与其他的不同，它是一次使用一只，独立包装而且更加卫生，药效持久，相信您用了会满意的！”王大爷回答说：“嗯，不过我想它用起来有些不方便……” 小明赶紧插话说：“不会的，您可能觉得使用有些不方便，但用过的人都说疗效很好，这一点您可以放心。” 王大爷看了小明一眼：“是吗？我还是觉得有些不合适。”小明该怎么接待王大爷这样的顾客呢？

续表

顾客接待		
学习目标	知识	1. 能说出顾客接待的基本流程； 2. 能列举顾客的类型并运用相应接待技巧
	能力	1. 能为顾客提供用药指导及健康指导； 2. 能分析顾客动机并接待顾客
	素养	1. 具有热情服务、真诚友善的工作态度； 2. 培养良好的药店服务礼仪，全心全意为患者服务； 3. 具有良好的沟通能力，树立顾客至上的服务意识
证书标准	1. 会用礼貌用语； 2. 能与顾客交流，了解顾客需求； 3. 能主动、热情、耐心、周到地为顾客服务； 4. 能主动为顾客包扎商品及礼品包装	
自学资源	请扫描二维码，进行线上学习 PPT　接待动作规范　接待不同年龄顾客销售技巧　拓展阅读	

任务准备

一、药店服务概述

（一）药店服务标准

为规范零售药店的经营与服务行为，保障顾客用药安全，有效满足顾客需要，发挥社会零售药店在医疗保障体系中的作用。2012 年 9 月 19 日国家发布《零售药店经营服务规范》，于 2012 年 12 月 1 日实施。本标准规范了零售药店人员要求、设施设备条件、经营服务环境和服务标准，制定了零售药店分级管理标准，此标准适用于中华人民共和国境内的所有零售药店。

1. 服务要求

（1）零售药店应建立以顾客为中心的服务理念，为顾客提供合法、规范和优质的专业化药学服务。在营业期间应配备有咨询能力的药学技术人员值班，保证顾客咨询活动能够以合理合法的形式进行。

（2）药学技术人员在接待顾客的过程中要以诚相待，与顾客建立信赖关系，耐心倾听顾客提出的问题，充分了解顾客的需求，详细询问和解答顾客用药的疑虑，细致分析，防止用药意外发生。

（3）药学技术人员应自觉学习药学相关的新知识、新技能，熟练应用药学服务的基础专业知识，当好顾客的用药参谋，指导顾客合理使用药品。

（4）零售药店应开展针对慢性病顾客的用药跟踪，建立顾客药历，指导顾客合理用药并提供后续服务，做好提升顾客健康生活的指导工作。

（5）零售药店在销售宣传时应符合相关法律法规，正确介绍药品的治疗作用及预期效果，禁止夸大宣传、强行推荐、诱导消费等药品促销行为。

（6）因质量问题而被顾客退回的药品，应做好销后退回记录，并进行质量查询和处理。

（7）位于外国人居住或活动集中区域的零售药店从业人员应具有外语服务能力。

（8）提倡零售药店设置夜间服务窗口，实现 24 小时药品供应，以满足广大顾客的需求。

（9）零售药店应积极开展社区服务，举办形式多样的健康讲座与安全用药教育活动，帮助居民整理家庭药箱、处理过期药品等。

2. 药店具体服务标准

药店具体服务标准如表 5–1 所示。

表 5–1　药店具体服务标准

内容	事项	正确操作	不正确操作	标准用语
仪容仪表	服装	上班时间必须穿着制服	上下班途中穿着制服	

续表

内容	事项	正确操作	不正确操作	标准用语
仪容仪表	服装	制服整洁，正确佩戴工牌	制服残旧、污损、起皱；工牌残损	
		女士穿着裤子、裙子（夏天）要求： 裙子长度不超出制服下摆； 裤子长度至脚踝	穿着七分裤、穿着超出制服下摆的长裙	
		男士须穿着白色衬衫，黑色或深色裤子	着红色、黄色或大花色领带	
	鞋袜	穿黑色皮鞋或布鞋，女士夏天可穿凉鞋；高跟鞋跟不超过 3 cm	穿着靴、运动鞋、拖鞋、尖头鞋、松糕鞋或大头鞋	
		鞋面洁净	鞋面铺尘、有污渍，显破旧	
		男士袜子须为黑色或深色，女士袜子须为单色袜或肉色丝袜	男士穿黑色皮鞋时着白袜、运动袜；女士穿裙子时穿半截袜	
	头发	女士刘海不能遮眼，长发应束起；男士头发不能太长，发侧不过耳，后不过领；头发平整、不凌乱	女士长发披肩、遮住眼睛或脸部、头发颜色夸张；男士头发凌乱	
	面容	女士须涂有色唇膏，脸色不红润或苍白时可适当化妆	男士留胡须；女生化妆夸张	
	手部	双手洁净，指甲修剪整齐，女士可涂无色或浅色指甲油	指甲过长并藏污垢	
仪容仪表	饰物	佩戴饰物以不夸张为准，以少为妙	饰物夸张，过于招摇	
	气味	保持口气清新；不使用气味浓烈的香水	令人不适的口气、体味	

续表

内容	事项	正确操作	不正确操作	标准用语
迎接顾客	位置	1. 在顾客进入门店时，门店营业员应致意或问好； 2. 顾客停留在面前或身旁选购药品时，营业人员应上前招呼	1. 顾客进门后长时间没有营业员上前服务； 2. 营业人员对身边的顾客熟视无睹，对顾客咨询不做回应	1. 您好！ 2. 早上好！ 3. 请问有什么可以帮到您？ 4. 请随便看看！ 5. 现在正在做促销活动，您可以了解一下！
	身体语言	1. 保持正确站姿，面部表情友好； 2. 保持微笑； 3. 温和的语调及态度； 4. 友善的眼神接触； 5. 让顾客可以保持自己的私人空间	1. 面无表情，无精打采，站立姿势不端正，驼背，长时间站立于一个位置； 2. 太专注于整理货品，忽略和顾客打招呼； 3. 声音太小，顾客听不到； 4. 打招呼时没有与顾客保持眼神接触； 5. 只顾互相闲谈，忽视顾客	
顾客询问药品位置		1. 保持微笑； 2. 态度、语气温和； 3. 营业员：单手掌心向上，五指并拢往前伸，做出邀请手势，引领顾客到所需药品的位置前； 4. 收银员 / 防损员 / 促销员：通知同事协助引领顾客（若药品在视线范围内，可直接指示方向）	1. 表情严肃，或冷漠、无表情； 2. 营业员（空闲）：只用手指指示方向，不引领顾客到药品位置前； 3. 反应迟钝、紧张； 4. 收银员：只顾埋头收银，不理睬顾客；或药品不在视线范围内，也用手指示方向； 5. 回答“不知道”；防损员、促销员不理睬顾客询问	1. 先生 / 女士，需要帮忙吗？请问有需要我帮忙的地方吗？ 2. 营业员：麻烦您跟我来……这里就是了！ 3. 收银员 / 防损员 / 促销员：请您稍等，我叫熟悉的同事帮您！
解答顾客问题		1. 保持微笑； 2. 仔细聆听顾客的问题及需求； 3. 态度、语气温和、自信； 4. 营业人员：停下手头工作，耐心解答并随时留意顾客反映；若解答不了，应找对该类问题 / 专业较熟悉的同事或当班班长； 5. 促销员：耐心解答，若遇到不清楚的问题，应找营业员协助	1. 不理睬顾客或回答“不知道”； 2. 听顾客叙述需要或咨询问题时分心做其他事情； 3. 背对顾客解答问题； 4. 强硬推销； 5. 没有药品知识却提供错误的药品资讯； 6. 缺乏自信	1. 先生 / 女士，需要帮忙吗？请问有需要我帮忙的地方吗？ 2. 主动介绍产品的特点、优点或独特的卖点：先生 / 女士，我给您介绍一下这个产品吧！ 3. 遇到不会回答的问题时：请您稍等，我叫熟悉的同事帮您

（二）不同顾客类型分析

顾客进店后，通过观察顾客言行举止，将顾客分为以下类型：

1. 需求明确型

顾客带着明确需求进入药店的，对需购药品的名称、品牌、数量、功能主治和价格都非常清楚。他们或许只需要询问店员几个问题，只要店员所答内容都在其预期之内，就会马上付款购药。

2. 犹豫不决型

顾客进店后一般都会到处走走看看，拿起这个药看看，又拿起另外的药看看，下不了购买的决心。但心里又想也许以后会有更好的药品，愿意征求店员的意见。

3. 需求模糊型

顾客进店购药时，一般没有自己的购买主张。又因为用药需求较模糊，或药物方面的知识不足，不知道什么药品是对症的。

4. 闲逛浏览型

顾客走进药店一般不怎么搭理营业员，店员询问此类顾客有什么需求时，他们只回答“随便看看”等，此类顾客即闲逛浏览型顾客。他们中有些人有购买某种药品的明确需求，而有些人则犹豫不定，而且后者不在少数。

5. 价格敏感型

以家庭妇女、老年顾客为主，他们对质优价廉的高性价比药品和优惠促销活动感兴趣。

（三）顾客心理阶段

顾客心理阶段主要分为八个阶段：观察阶段、兴趣阶段、联想阶段、欲望阶段、评估阶段、信心阶段、行动阶段、感受阶段。

1. 观察阶段

顾客进入药店前及进入药店后，通常都会有意或无意地环视一下药店的门面、橱窗、货架、陈列、店内装饰、环境卫生、秩序等，初步获得对店容店貌的感受，这个阶段为观察阶段。

2. 兴趣阶段

有些顾客在观察药品的过程中，如果发现目标药品，便会对其产生兴趣，此时，他们会注意到药品的品牌、产地、功效、包装、价格等因素。当顾客对某一药品产生兴趣之后，他不仅会以自己主观的感情去判断这种药品，而且会加上客观的条件，以做出合理的评判。

3. 联想阶段

顾客在对感兴趣的药品进行研究的过程中，自然而然地产生有关药品的功效以及可能满足自己需要的联想。顾客因对药品有兴趣而引起的联想能够使顾客更加深入地认识药品。

4. 欲望阶段

当顾客对某种药品产生了联想之后，他就开始想购买这种药品了。但是这个时候他会产生疑虑，如这种药品的功效到底如何？还有没有更好的？这种疑虑和愿望会对顾客产生微妙的影响，使他虽然有很强烈的购买欲望，但是不会立即决定购买这种药品。

5. 评估阶段

顾客形成关于药品的初步概念以后，主要进行的是产品质量、功效、价格的评估，他会与同类药品进行比较，此时营业人员的意见至关重要。

6. 信心阶段

顾客做了各种比较之后，可能决定购买，也可能失去购买信心。失去信心的可能原因是店内药品的陈列或营业人员售货方法不当，使顾客觉得无论怎样挑选也挑不到满意的药品，或营业人员药品知识不够，总是以不知道、不清楚回答顾客，使顾客不能肯定药品的质量、功效，或顾客对药店缺乏信心，对售后服务没有信心。

7. 行动阶段

顾客决定购买，并对营业员说我要买这个药品，同时付清货款，这种行为叫作成交，成交的关键在于能不能巧妙地抓住顾客的购买时机。

8. 感受阶段

购后感受既是顾客本次购买的结果，也是下次购买的开始。如果顾客对本次结果满意，他就有可能进行下一次的购买。

由上述过程可知，营业人员在顾客决定购买的过程中起着十分重要的作用，营业人员能够实事求是地介绍、推荐药品，并且能够中肯、准确地解答顾客的疑问，将使顾客对营业人员产生信赖，从而对营业人员及药店形成良好印象。

二、接待顾客

（一）接待顾客的步骤与原则

接待与服务顾客，是每个药店店员每天最基本的工作。这看起来是一个很自然、很简单的过程，但真正能够做完整做好的人并不多。

1. 顾客接待基本步骤

顾客接待基本步骤如图 5–1 所示。顾客购买心理分析与利用如表 5–2 所示。

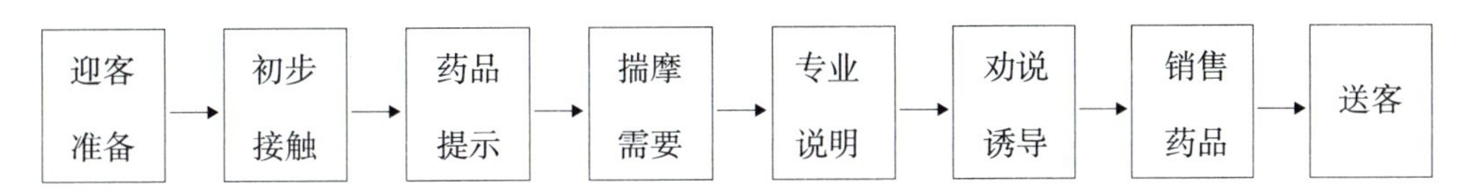

图 5–1　顾客接待基本步骤

表 5–2　顾客购买心理分析与利用

1. 迎客准备	顾客上门前，店员要随时做好迎接顾客的准备，不能松松垮垮，无精打采
2. 初步接触	与顾客接触的最佳时机是当顾客长时间凝视某一药品若有所思时、当顾客抬起头时、当顾客突然停下脚步时、当顾客的眼睛在搜索时、当顾客与店员的眼光接触时，一般可采用与顾客打招呼、直接向顾客介绍中意的药品和询问顾客的购买意愿等方式与顾客初步接触
3. 药品提示	根据顾客需求，判断其所需药品的种类，提供几种药品供顾客选择
4. 揣摩需要	通过观察顾客的动作和表情来揣摩顾客的需要；通过推荐一两种药品观察顾客的反应，了解顾客的愿望；通过自然提问询问顾客的想法；也可倾听顾客的意见
5. 专业说明	利用专业知识向顾客介绍药品，说明时语言要通俗易懂，有针对性，打消顾客的顾虑，取得其信任
6. 劝说诱导	及时劝说诱导，使顾客完成购买。可以采用实事求是，投其所好，辅以动作，根据药品本身质量，帮助顾客比较、选择等方式来劝说
7. 销售药品	顾客决定购买后，店员填写收银小票，交给顾客，请其到收银台付款，包装药品，待顾客付款后双手递给顾客，道别
8. 送客	当顾客准备离开时，应该由之前一直为顾客提供接待服务的店员将其送至门口，说“谢谢您的光临，请慢走！欢迎下次惠顾”，完成送客

2. 接待顾客的原则

对于服务人员而言，顾客是需要被礼遇和尊重的。因此，友善接待每一位顾客是药店店员最基本的工作宗旨，药店店员在接待顾客时应本着以下几点原则：

（1）敬业乐业。

主动积极地解决顾客任何困难与需求，高度发挥团体共识。在药店服务工作过程中不仅要考量个人服务态度的好坏，还应配合总部的策略，和谐地与工作伙伴相处，这才是敬业乐业的最佳表现。

（2）灵活应变。

药店店员是药店中直接接触顾客的人。对于顾客的任何疑问和需求，必须通过灵活多变的说话方式与技巧，提出独到的见解，让顾客信服，以促使服务工作更为顺利。

（3）真诚友善。

对于任何服务对象，药店店员都必须尽心尽力处理。尽管只是倾听顾客的需求与建议，也应具备好听众的特质，耐心听完顾客的意图与重点，最好能适时主动询问，深入切题地了解对方需求。

（4）尊重顾客。

尽管顾客的社会地位、穿着品味、举止等条件各不相同，但是店员应为每位进药店的顾客提供相同的服务品质与态度，关注顾客的特殊要求、习惯，以体现对顾客的尊重与关怀。

（二）接待顾客技巧

由于每个人的生长环境、受教育程度、兴趣、个性及喜好各不相同，因此就有了各种顾客类型；而每种类型的人，在处理事情、待人接物方面也大不相同。

1. 不同类型顾客销售技巧

按照顾客的不同性格，可将顾客分为四类：谨慎型、犹豫型、冲动型、排斥型。药店店员应根据不同的顾客类型采取不同的销售技巧，具体如表 5–3 所示。

表 5–3 不同类型顾客销售技巧

顾客类型	特点	销售技巧
谨慎型	做任何事都仔细安排、谨慎思考，凡事三思而后行	有条理地把药品的特点介绍给顾客
犹豫型	遇事拿不定主意，不敢做决定，即使做决定也易反悔，对自己缺乏信心	维护顾客自尊心，暗中替他想主意、做决定
冲动型	对事情的判断任凭一时的冲动，事后也容易反悔	需要“快速”引导顾客购买适合的药品
排斥型	敏感，不易打交道，对任何人都有排斥感，不容易亲近别人，也不容易相信别人	应先取得顾客信任，再向顾客推荐药品，从而促成交易

2. 不同年龄顾客销售技巧

根据现代人生理、心理结构上的变化，2021 年联合国卫生组织将人的年龄界限又做了新的划分：44 岁以下为青年人；45 ～ 59 岁为中年人；60 ～ 74 岁为低龄老年人；75 ～ 99 岁为高龄老年人。不同年龄顾客销售技巧如表 5-4 所示。

表 5-4 不同年龄顾客销售技巧

顾客年龄	特点	销售技巧
老年顾客	喜欢购买用惯了的药品，对新药品常持怀疑态度，很多情况下是在亲友的推荐下才去购买未曾使用过的某品牌药品	音量不可过低，语速不宜过快，语气要表示尊敬，说话内容要表现谦虚，做到简单、明确、中肯。顾客阅历丰富，店员要多提供购物服务，强调售后服务好，药品实惠、实用
中年顾客	购物理智，喜欢购买已证明有效果的新药品。具有家庭决策权和购买权	顾客分为两种，一种是高薪阶层的，要对其强调品牌档次、生活环境和职业需要；另一种是一般收入的，要强调药品的安全、健康、品质、价格
青年顾客	具有强烈的生活美感，对药品价值观念较淡薄，追求品牌，求新、求奇、求美的心理较为普遍，易受广告宣传的影响	利用顾客的求新、求奇、求美的心理进行介绍，并强调产品的新特点、新功能、新用途

3. 不同消费目的顾客销售技巧

按照顾客的不同消费目的，可将顾客分为五大类：探寻价格型、购买促销品型、替人跑腿型、退换货型、结伴同行型。药店店员应根据顾客消费目的的不同而采取不同的技巧，提高效率，具体如表 5-5 所示。

表 5-5 不同消费目的顾客销售技巧

顾客消费目的	特点	销售技巧
探寻价格型	摆出要买的架势，却无心购买的顾客，一般只是闲逛，比价格	与顾客交谈，适时适当地提供专业咨询，并注重礼貌用语；过度纠缠或不断解说容易令顾客厌烦
购买促销品型	顾客大多是冲着打折或赠送的时机专门来购买特卖品的	不能因此歧视顾客或接待不周，而应该用感激的心情和他们打招呼
替人跑腿型	顾客买东西并不是为自己买，而是受人之托专程来购买；或者是帮别人捎带购买的	尽量客气、有礼貌地招待顾客，以获得潜在顾客的好感

续表

顾客消费目的	特点	销售技巧
退换货型	顾客上门退换药品	药品非质量问题，不得退换，但是要认真对待顾客的诉求，耐心解释，不能敷衍搪塞
结伴同行型	有两人同行的，三人同行的，甚至多人结伴同行的	需要了解顾客需求，征求其同伴的意见

（三）接待顾客中的常见情况及处理方式

接待顾客中的常见情况及处理方式如表5-6所示。

表5-6 接待顾客中的常见情况及处理方式

问题情况	问题要点	处理方式
向顾客询问得不到答复	不应有不满或反感情绪，而是稍提高点声音，再次亲切地向顾客询问或拿出几种药品，用药品答话	“您想看看这个吗？”或“我给您拿出几种您看看好吗？”
顾客挑得仔细而其他购物的顾客又很多	要眼观六路，耳听八方，抬头售货，全面照顾，一接、二待、三照顾	“您先挑选，不合适我来给您换”或“别着急，慢慢挑。”
顾客代家人购物，规格型号又讲不清	应仔细询问其家人的情况	“药品离柜没有质量问题是不退换的，请您和家人再确认一下。”
对待挑剔的顾客	应主动热情介绍药品的性能特点，引导顾客拿主意，说话既要诚恳，又要有说服力	“请您仔细看看说明书，不合适我再给您拿。”
店员与顾客发生矛盾时，周围的营业员	应缓和矛盾，主动上前替当事人向顾客赔礼抱歉，承担责任，如解决不了时，请示店长解决	“我们的工作还有很多不周全之处，感谢你指正，帮助我们提高。”
老年人买东西反应慢	对老年人要更加热情耐心。顾客多时，首先接待老年人，帮助其挑选	“大娘/大爷，不要着急，请您慢慢挑，我再给您拿几种。”
顾客在挑选药品时，时间较长，又不中意，但又不好意思离开	要注意体察顾客的心理，本着对顾客负责的态度，讲究职业道德	“同志，没关系，请您再到别的药店去看看。”

（四）其他接待技巧

接待顾客的技巧是十分灵活的，要想自如地正确接待每位顾客，药店店员必须具备一些最根本的能力，以热情真诚的态度和巧妙的语言艺术引导顾客，成功达成交易。

1. 主动积极热情，正确推荐药品

店员在接待顾客的整个过程中应始终保持主动热情，以顾客为中心，善待每位顾客。当顾客临近柜台时，店员应微笑点头以示招呼，也可用："您好""欢迎光临"等话语打招呼，热情迎接顾客。对于老顾客，你应尽可能记住其姓名，这样顾客会觉得你很用心，很关注他，从而关注你的顾客也会越来越多。

2. 揣摩顾客心理、迎合顾客需求

仅仅具备善待顾客的思想、主动热情的态度还不能促使交易完成。在接触顾客的过程中，还必须通过主动介绍、多加询问和市场调查三种方法来揣摩顾客心理，迎合顾客的需求。有针对性地接待顾客，使每位顾客快乐而来、满意而归。

3. 专业语言交流，引导顾客购药

药店店员每天都要利用语言与顾客进行沟通，在语言交流中了解顾客，揣摩顾客购买心理，进而在语言交流中引导顾客，因此药店店员必须讲究语言表达艺术，提高表达技巧。

任务实施

案例一：顾客王大妈站在柜台前，招呼营业员道："麻烦，把那个拿给我看一下……"刚说完，突然看到另一个："呀，那边那个也不错，拿来我看一下。"没多久，一转头："啊，那个似乎也不错。"王大妈三心二意，很难做决定。营业员一一把药品拿给她："是啊，这种药品目前销量很好。"王大妈面对柜台上已摆出的七八种药品都觉得满意，但又不知道选哪种："到底选哪个好？"最后，王大妈空手而归。

1. 分析案例中顾客王大妈的类型特点。

____

____

2. 如何分析顾客的购买心理？

____

____

案例二：某药店内，店员隔着柜台正招呼一名挑选儿童感冒药的妇女。这时，一位衣着华丽的妇女出现在药店门口。店员见状立刻迎上去，笑盈盈地说："陈女士欢迎，欢

迎，里面请。”其他店员亦应声附和：“欢迎光临。”“陈女士几天没见，今天想要购买哪些药品？”恭维之声不绝于耳，面对刚才那位妇女则态度冷淡：“总之，这种给孩子的感冒药成分已经够全了。”妇女再问：“是吗？我再考虑考虑！”店员冷冷地答道：“好，慢走，下次再来。”

1. 分析案例中店员的接待存在哪些问题。

____

____

2. 如果你是这家药店的店员，你会如何处理？

____

____

任务检测

情景一：顾客王 × 和同伴李 × 一起到药店购买药品，此时王 × 拿不定主意。作为一名药店店员，你该如何接待及推荐药品呢？

情景二：一位母亲带着小孩走进一家药店，母亲全神贯注地挑选药品，详细地看说明书时，小孩在店里跑来跑去。最后跑到一台医疗器械旁，想伸手去摸。作为一名药店店员，你该如何处理？

情景三：顾客王大爷手里拿着两种解热镇痛药，仔细比较，并询问：“这两种药的成分看起来完全一样，可价格却相差十多元，到底差在哪儿？”作为一名药店店员，你该如何运用接待技巧解决顾客疑虑？

4 个学生一组，随机抽取以上情景进行角色扮演，表演时其余学生注意观察。实践检测评价表如表 5–7 所示。

表 5–7 实践检测评价表

基本信息	班级	姓名	学号			
	小组		组长			
序号	考核项目	评分标准	分值	自我评价	组内评价	教师评价
1	服务理念	顾客入店有迎声、顾客提问有答声、顾客要求有回声、顾客离店有送声； 接待顾客热心、解答问题耐心、听取意见虚心、排忧解难诚心	20			

续表

基本信息	班级	姓名		学号			
	小组			组长			
序号	考核项目	评分标准	分值	自我评价	组内评价	教师评价	
2	流程操作	顾客的接待流程：营业员对各类顾客的接待符合要求	20				
3	接待技巧	能够针对不同类型、不同心理、不同年龄及不同目的的顾客来推荐药品	20				
4	情景表演	情景表演过程自然流畅	20				
		表情、语言、礼仪等符合规范； 能根据情景需要体现较高的专业能力和较好的人文关怀	20				
总分			100				
综合评分（自我评价 20%，组内评价 20%，教师评价 60%）							

任务二　售后服务

任务信息

售后服务	
工作岗位	收银员、营业员、调配员
情景描述	一天，王先生去药店买药，药品的价格为 7.8 元。后其因感冒去 ×× 医院输液，王先生无意间发现该医院药品价格公示栏中公布的该药品价格比药店低 2.1 元，而且该药品的生产厂家、日期、生产批号、包装等完全一样。王先生拿上在该药店购药的凭证和该药店发放的宣传单，找店员小明查问原因。原来前段时间药店对外发放宣传单承诺该药店所售药品是全市最低价，王先生信以为真，自打那以后只要买药，王先生就认准了该药店，如今他感觉自己上当受骗了。王先生毫不客气地质问小明：“不是说你们药店的药价是全市最低吗？可今天我去医院，这种药比你们药店的价格还低 2.1 元。你们这是商业欺诈！今天要不给我个说法，我就去投诉！” 遇到这种情况，小明应该如何应对和处理？

续表

<table>
<tr><th colspan="3">售后服务</th></tr>
<tr><td rowspan="3">学习目标</td><td>知识</td><td>能说出顾客投诉处理流程、顾客退换货处理流程</td></tr>
<tr><td>能力</td><td>1. 能够与顾客有效交流，确认顾客需求，为顾客提供用药指导；能及时处理一般的突发事件；
2. 能够正确处理顾客的投诉并做好记录；
3. 能够正确处理顾客的退换货要求</td></tr>
<tr><td>素养</td><td>1. 具有较强的岗位责任心和职业道德感；
2. 具备随机应变和耐心严谨的职业素养；
3. 树立热情细致、精诚服务的从业意识</td></tr>
<tr><td>证书标准</td><td colspan="2">1. 能正确处理顾客的投诉并做好记录；
2. 能处理退换货事件</td></tr>
<tr><td>自学资源</td><td colspan="2">请扫描二维码，进行线上学习
PPT　拓展阅读　退换货程序　处理顾客投诉</td></tr>
</table>

任务准备

一、处理顾客投诉

任何企业都不能保证自己的产品和服务永远不出问题。目前，顾客投诉事件在药店时有发生，不论药店大小，顾客投诉都是不容忽视的，它往往体现了药店在经营运作中存在的问题和顾客的潜在需求。因此，顾客的抱怨和投诉不可避免。对客户的抱怨和投诉处理得好，不仅可以增强顾客的忠诚度，激发顾客对药店的信任与支持，保持长期的购买关系，传播积极的口碑效应，还可以提升药店的形象。处理得不好不但会丢失顾客，还会给药店带来负面影响。因此，处理好客户投诉是药店应认真对待的一个重要问题。处理顾客投诉应坚持以下原则：

（1）聆听：要保持平静的心态、就事论事。心平气和地接待顾客，用温和的态度引导顾客说出理由。诚恳地倾听顾客诉说，表现出对顾客的关怀，让顾客把内心的不满情绪发泄出来，避免争辩。

（2）客观地站在顾客的立场来回应顾客的问题，对顾客所受到的伤害表示同情。诚心地向顾客致歉。

（3）无论顾客是通过电话、书信或上门投诉，都要认真填写好顾客投诉处理记录表（表 5–8），并向顾客复述一次，请顾客确认。确定事情的责任归属，详细分析该投诉的严重程度，了解顾客的需要，抓住顾客投诉的重点。

（4）提出解决问题的方案，同时让顾客知道店方为该问题所付出的辛苦和努力。与顾客讨论，找到适当的方法来满足顾客的要求。在双方都同意的情况下应立即执行方案。如不能立即解决，应告知顾客原因，并约定时间再做处理，把经办人的姓名、电话告知顾客，以便事后跟踪。

（5）检讨：对投诉事件进行检讨，将处理过程记录在案。找出投诉原因并改正错误，通过各种方式向员工通报该投诉的原因、处理结果及改进方法。

表 5–8 顾客投诉处理记录表

顾客姓名		电话	
地址			
投诉事由（意见或建议）			
处理意见			
顾客态度			
接待人		日期	

二、药品退换货处理

（一）处理药品退换货原则

药品属特殊药品，根据国家规定，“药品售出非质量问题不退不换”，在处理退货过程中须遵循以下原则：

（1）药店执行“顾客满意”的服务原则，尽可能满足顾客需求。

（2）在处理问题时态度须温和有礼、细心周到、耐心认真，严禁顶撞顾客。

（3）符合退货条件的，药店店长可自行处理；不符合退货条件的，药店店长需请示领导，不得擅自拒绝退货。

（4）必须退货时，在顾客不反感的情况下，尽可能做换货处理。

1. 退货确认

（1）顾客退换药品时均须持有本店购物小票（或发票）。

（2）药品外包装完整，外包装及药品无破损。

（3）药品批号与本店经营药品相符。

（4）购物时间不超过7天。

（5）药店店长可根据现场情况灵活处理。

（6）如店员推荐不准确导致退货，经当班负责人确认后予以退货，并向顾客致歉。

（7）如不符合退货原则，要向顾客耐心解释，取得顾客理解与支持，特殊情况予以上报。

2. 拒绝退换

有下列情况之一的，原则上不予退换货：

（1）顾客无销售小票（发票），或超出药品退货期限，或将药品拆开使用，无法再次销售的。

（2）若无质量问题，药品和影响再次销售的药品不予办理退货。

（3）贵细药材没有质量问题不予退换。

（二）退货程序

退货流程如图5-2所示。

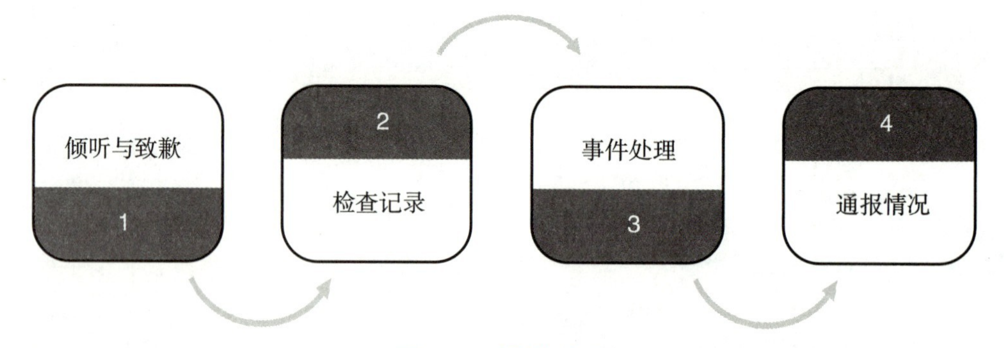

图5-2 退货流程

1. 倾听与致歉

无论什么情况，接待人员应先向顾客致歉：“您好！我是这里的负责人，不好意思，让您多跑一趟，请问您有什么问题？”退换货处理应选在安静的地点，尽量避开客流多的地方。以诚恳和蔼的态度，认真听取顾客要求退换货的原因。

2. 检查记录

确认药品是否为本店所售，仔细检查要求退换的药品包装、批号、外观质量、销售小票。把退货情况登记在售后服务记录或者顾客销货退回记录表（表5-9）上。

表 5-9 顾客销货退回记录表

序号	日期	退货单位	品名规格	单位	数量	批号	生产企业	退货原因	验收员	处理结果	经办人	备注

3. 事件处理

征求顾客意见，查看以货换货或者退货是否符合条件。协商妥当后办理退换货手续，开出红票，顾客签名。退回的药品进行质量检查，合格者继续销售，不合格者放入不合格区，登记后进一步处理。

4. 通报情况

将药品退换情况、处理结果向相关部门和店员通报，在日后工作中加以改进。

（三）退换药品处理注意事项

（1）在不损害药店利益的前提下，尽可能满足顾客需求。

（2）在处理问题时要温和有礼、细心周到、耐心认真，不能顶撞顾客。

（3）如遇到恶意捣乱的顾客，请其离开，否则立即报警。

（四）退货药品处理

（1）退还药品无质量问题可以再次销售的，可重新上架销售。

（2）退回药品存在质量问题或外包装损坏无法再销售的，由药店店长上报质量部，将药品送配送中心，填药品退库报表，由仓库验收员验收确认后依不同情况做退货处理、换货处理或销毁处理。

任务实施

1. 在任务信息中，小明面对王先生的质问非常生气地回应：“我们卖的本来就是很低的价格了，难道要亏本卖给你吗？”小明的回应是否合理？如果你是小明应如何处理才能让王先生既不投诉药店，还能开开心心地回家？

____

____

2. 案例解析。

前段时间，连锁药店店长拿着顾客退回来的一包复方板蓝根颗粒向总部反映，顾客购买该药回家服用时，发现在溶药杯子上层有类似啤酒泡沫样不溶物，底层有白色沉淀。顾客怀疑药品有质量问题，遂要求门店退回货款。门店为安抚顾客，当场就给顾客退还了货款。

听完门店的反映，为验证顾客反映的药品质量问题是否属实，总部先检查了药品的外包装，发现包装完好，无破损，用手拿捏，没有发现有吸潮结块现象，标示的有效期也在正常范围内。拆开包装，颗粒的外观干燥、均匀、色泽一致，无吸潮、软化、结块、潮解等现象。用温开水冲泡，颗粒很快溶化，并没看见上层有类似啤酒泡沫样不溶物，底层有白色沉淀的现象发生。综上可以判定，这包被退回来的复方板蓝根颗粒质量是合格的。

（1）案例中门店直接给顾客退还货款，这样的做法合适吗？这样做会给门店带来什么影响？

（2）作为一名医药从业者，我们应如何对待顾客的投诉？

任务检测

情景一：顾客赖某因感冒来店购买药品，店员根据其描述情况给其推荐了对乙酰氨基酚胶囊。顾客第二天气冲冲地来到药店，指责店员给他推荐的药品没有效果，症状一点都没有得到改善。

情景二：顾客王某 56 岁，患高血压 8 年，长期服用卡托普利；顾客来药店买药品，店员发现没有该药就给其拿了依那普利，顾客当时没在意，回家后才发现并不是自己想要的药品，第二天返回药店要求退货并因店员没有讲清楚而很生气。

情景三：顾客李某在药店买了一盒维生素 C 片，回家后仔细查看后发现该维生素 C 已过期两个多月，马上去药店要求其赔偿并表明要投诉药店。

从上述的三个情景中，学生随机抽取一个进行角色扮演，教师进行点评。实践检测评价表如表 5-10 所示。

表 5-10　实践检测评价表

基本信息	班级	姓名	学号			
	小组		组长			
序号	考核项目	评分标准	分值	自我评价	组内评价	教师评价
1	倾听与致歉	是否态度和蔼、认真听取顾客要求退换的原因	25			
2	检查记录	是否确认药品，仔细检查要求退换的药品包装、批号、外观质量、销售小票	30			
3	事件处理	有无征求顾客意见，是否正确办理退换货手续	25			
4	通报情况	是否规范进行通报工作	20			
总分			100			
综合评分（自我评价 20%，组内评价 20%，教师评价 60%）						

任务三　慢性病服务

任务信息

慢性病服务	
工作岗位	慢性病专员、营业员、处方审核员
情景描述	患者李某，男，45 岁，高血压病史 3 年，近期因工作繁忙，经常熬夜，加上应酬多，虽坚持服用降压药，但仍感觉有明显的头晕症状，现在该患者到药店进行咨询，想了解为什么坚持吃药还会出现高血压的症状。面对这种患者，小明应如何解答他的疑惑，并为其提供药事服务呢？

续表

慢性病服务		
学习目标	知识	1. 能描述慢性疾病的特点，判断影响慢性疾病的因素； 2. 能概述慢性病服务的基本流程，识别慢性病的相关指标
	能力	1. 能为患者进行血压、血糖等基本检测，并为患者建立健康档案； 2. 能根据疾病种类对慢性病患者进行健康教育和健康促进
	素养	1. 培养慢性病管理、科学防治的服务观念； 2. 培养服务患者、帮助患者的职业素养； 3. 培养实事求是、专业友善的工作态度
自学资源	请扫描二维码，进行线上学习 PPT　慢性病服务　拓展阅读	

任务准备

一、慢性病概述

（一）慢性病的概念

慢性非传染性疾病的概念由 2011 年 3 月卫生部发布的《全国慢性病预防控制工作规范》提出，慢性非传染性疾病（以下简称慢性病）是一组发病率、致残率和死亡率高，严重耗费社会资源，危害人类健康的疾病，也是可预防、可控制的疾病。按照世界卫生组织（WHO）的定义，慢性病管理中涉及的慢性疾病指慢性非传染性疾病，是以心脑血管疾病、恶性肿瘤、慢性阻塞性肺疾病（COPD）、糖尿病为代表的一组疾病，是相对于传染病和急性疾病而提出的一组疾病总称。

（二）慢性病的特点

慢性病与遗传、生活方式和心理等因素相关，病因不明确，患者早期症状不明显，在目前的医疗技术水平下难以治愈，且有以下四个特点。

（1）病因复杂、患病率高。慢性病往往是一因多果或者一果多因。一果多因指的是一种慢性病可能是在多种因素作用下形成的，且绝大多数慢性病病因不清楚；一因多果是指同一个病因在不同患者身上可导致不同疾病或多种疾病，如吸烟、饮酒、不合理膳食等可能导致心脑血管疾病、恶性肿瘤、糖尿病等疾病。后期的致死率、致残率高。

（2）起病隐匿、潜伏期长。患者早期没有症状或症状不明显，往往在健康体检时才被发现而延误治疗，或当患者的功能和器官的损伤逐步加重，直至症状较为严重时才去就诊。

（3）病程长、难以治愈。大多数慢性病的病程长，大于3个月，可达数年、数十年，甚至是终生患病。常出现无法逆转的病理损害，到晚期因出现多器官并发症导致不同程度的功能障碍，在目前医疗技术水平下难以治愈。如果患多种慢性病，患者的生活质量会较大影响，社会危害严重。

（4）可预防，可控制。通过对环境、生活方式等可改变因素的干预，可以预防或减缓患者发病。通过良好的护理与照顾、长期的用药治疗及自我健康管理，能够控制或减缓疾病的发展。

（三）影响因素

慢性病发生的原因相当复杂，常见的因素包括环境因素、生活方式、遗传因素、精神因素等。

1. 环境因素

自然环境中空气污染、水源污染、噪声污染、土壤污染等都与恶性肿瘤或肺部疾病等慢性病的发生密切相关，各种污染因素加剧慢性病的发生。

2. 生活方式

（1）膳食结构不合理的影响。均衡饮食是人体健康的基石，不合理的饮食结构、不当的烹饪方法、不良的饮食习惯等与慢性病的发生密切相关。膳食结构不合理包括高胆固醇饮食、高动物脂肪饮食、高盐饮食、刺激性饮食等。咖啡及茶叶中含有咖啡因，能刺激交感神经引起动脉硬化，还会直接作用于心脏，使血压上升、心率加快。

（2）不良饮食习惯。因烟熏和腌制的食物中含有较高的亚硝胺类致癌物质，长期食用烟熏和腌制的鱼肉、咸菜，易导致癌症的发生，尤其与胃癌的发病密切相关；每日进食时间无规律、暴饮暴食等，可破坏胃黏膜的保护屏障，导致胃炎、胃溃疡、胃癌的发生；蔬菜、粗粮摄入过少，食物过于精细，易引起肠道疾病，如痔疮、肠癌等。

（3）缺乏运动。现代生活节奏快，人们常常以车代步，活动量小，大多数情况下每天活动不足半小时。缺乏运动是造成过度肥胖的重要原因，也是引发许多慢性病的危险因素。

（4）吸烟。吸烟是恶性肿瘤、慢性阻塞性肺疾病、冠心病、脑卒中等疾病的重要危险因素。吸烟量越大、吸烟史越长，开始吸烟年龄越小，对身体的损害越大。

（5）酗酒。过度饮酒，容易导致维生素缺乏，引起营养不良，加速动脉硬化与高血压的形成，诱发心肌梗塞；同时乙醇能促使中性脂肪合成旺盛，大量沉积于肝脏中，降低肝脏的解毒功能，甚至造成脂肪肝和肝硬化；另外还有可能增加咽喉癌、口腔癌、食管癌的发生率。

3. 遗传因素

许多疾病，如糖尿病、高血压、乳腺癌、精神分裂症、消化性溃疡、冠心病等有家族倾向，可能与遗传因素或家庭共同生活习惯有关。

4. 精神因素

紧张、焦虑、恐惧、失眠可能诱发血压升高、血中胆固醇增加，还会降低机体的免疫功能，增加慢性病发病的可能。

二、慢性病管理与服务

（一）慢性病服务流程

慢性病服务主要是促进患者进行慢性病管理，是指对慢性病及其风险因素进行定期检测，连续监测，评估与综合干预管理的医学行为及过程，主要内容包括慢性病早期筛查，慢性病风险预测，预警与综合干预，以及慢性病人群的综合管理，慢性病管理效果评估等。

《国家基本公共卫生服务规范》根据基层卫生服务机构的特点制定了基层医生在对居民进行慢性病筛查和对患者进行管理时的工作流程，并分为评估、分类和处理三个步骤。药店应辅助医院为患者做好慢性病管理，提高其生活水平。药店的慢性病管理药事服务一般有慢性病筛查、慢性病随访、健康指导三个方面，主要服务流程如图 5–3 所示。

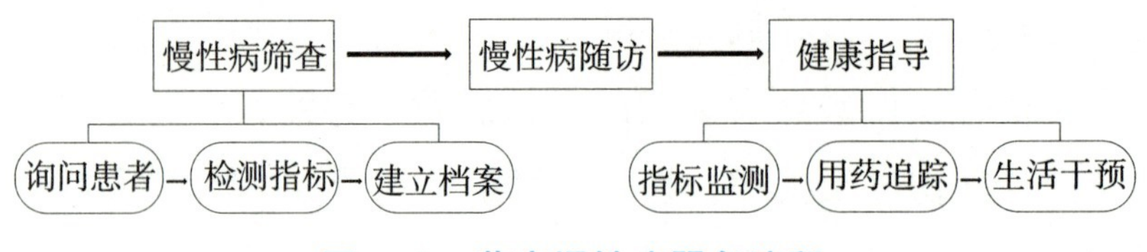

图 5–3 药店慢性病服务流程

（二）慢性病服务操作要点

1. 慢性病筛查

药店在提供慢性病服务前，首先要了解患者的情况，这样才能给出具体的、有针对性的慢性病管理指导。通过慢性病筛查能更早地发现疾病，早发现才能早治疗。主要筛查步骤如下：

（1）与患者进行沟通，收集患者信息，包括既往疾病情况、血压值、血糖值、体重等常规数据，家族病史、用药情况、症状、并发症等信息。

（2）对于第一次来药店接受慢性病服务的人群，必须检测血压、血糖，评估患者有无风险。做好慢性病筛查工作有助于及时发现原发性高血压患者及2型糖尿病患者。

（3）将已确认的患者纳入健康管理，建立健康档案。患者的档案信息主要包括个人信息、主要症状、个人病史、并发症情况、用药情况、非药品干预情况、服务记录等，样式见表5-11。档案的建立有助于提高患者用药依从性，督促患者改善生活方式。

表5-11　同心大药房患者健康档案

管理级别：□一级　□二级　□三级　　首次到店日期　　年　　月　　日

<table>
<tr><td>姓名</td><td></td><td>性别：男□/女□</td><td>出生日期：　年　月　日</td></tr>
<tr><td>首诊症状</td><td colspan="3">□头晕　□头痛　□烦躁　□视力模糊　□面色苍白或潮红　□耳鸣
□心悸　□四肢乏力　□肢体麻木　□其他（　）□以上情况全无</td></tr>
<tr><td>疾病类型</td><td></td><td></td><td></td></tr>
<tr><td>确诊医院</td><td></td><td>确诊时间</td><td>年　月　日</td></tr>
<tr><td colspan="4">个人病史</td></tr>
<tr><td rowspan="7">并发症情况</td><td>脑血管疾病</td><td colspan="2">□缺血性脑卒中　□脑出血　□短暂性脑缺血发作（TIA）</td></tr>
<tr><td>心脏疾病</td><td colspan="2">□心肌梗塞　□心绞痛　□充血性心力衰竭</td></tr>
<tr><td>肾脏疾病</td><td colspan="2">□高血压性肾病　□肾功能衰竭</td></tr>
<tr><td>血管疾病</td><td colspan="2">□夹层动脉瘤　□动脉疾病</td></tr>
<tr><td>视网膜病变</td><td colspan="2">□出血或渗出　□视乳头水肿</td></tr>
<tr><td></td><td colspan="2">以上情况全无</td></tr>
<tr><td>生活自理能力</td><td colspan="2">□完全自理　□部分自理　□完全不能自理</td></tr>
</table>

续表

生活习惯	吸烟情况	□吸烟 □戒烟 □不吸		
	饮酒情况	□经常 □偶尔 □不饮		
	体育锻炼	□规律 □偶尔 □不锻炼		
建卡前最后一次检查结果	身高	m	体重	kg
	脉搏	次 / 分	心率	次 / 分
	血压	/____mmHg	空腹血糖	mmol / L
	甘油三酯	mmol / L	胆固醇	mmol / L
	视网膜病变	□有 □无	尿微量蛋白	
	心电图检查			
	其他检查			
药品治疗情况	降压药	□使用 □未使用		
	药品 1	用法 每次（剂量） 每天 次		
	药品 2	用法 每次（剂量） 每天 次		
	药品 3	用法 每次（剂量） 每天 次		
	药品 4	用法 每次（剂量） 每天 次		
非药品治疗情况	限盐	□有 □无	放松心情	□有 □无
	戒烟	□有 □无	限酒	□有 □无
	膳食量化	□有 □无	运动量化	□有 □无
管理治疗干预措施：				
回访时间：				
随访结果				

回访期数	回访内容（包括病人情况、家庭情况）	疗程	回访人员
第一期回访			

续表

第二期回访			
第三期回访			
第四期回访			

建卡店员签字：　　　　　　　　　　　　建卡时间：　　年　　月　　日

患者签字：

2. 慢性病随访

建立档案之后，根据疾病类型，定期对患者进行随访，可提高患者对治疗的依从性，及时发现患者的异常，预防并发症，提高生活质量。

（1）随访对象主要针对已在药店建立健康档案的慢性病患者。

（2）随访方式可以是电话随访、网络随访、到店随访，依从性调查。

（3）随访内容包括用药顺从度、指标监测坚持度、病患疗效评估、病患生活质量评估。

针对随访情况，对患者病情及遵医嘱等情况进行评估，为患者提供建议或者调整的方案。

3. 健康指导

在慢性病服务的健康指导中主要从指标监测、用药追踪、生活干预三方面帮助患者进行慢性病管理。

（1）指标监测是通过慢性病管理电子系统查看患者是否每日测量并记录指标，提醒患者按时检测并记录指标，并对患者的检测指标进行解读。

（2）用药追踪是通过慢性病管理电子系统查看患者是否按时服药，提醒患者按时按量服药，根据患者的用药量，提醒患者购药，以防断药情况发生；提醒患者或其家属注意药品的不良反应，学会正确预防与初步处理。

（3）生活干预是提醒患者完成慢性病管理系统中生活习惯的填写，监督自己，并及时推送健康生活指导。通过科学的干预帮助患者从饮食、运动、心理等方面采取措施，纠正不良的生活方式和习惯，控制慢性病的影响因素，对落实健康生活方式的患者及时给予赞赏、肯定与鼓励，最终实现慢性病管理和服务目标。

任务实施

1. 查阅任务准备，分析任务信息中患者李某头晕的影响因素有哪些。如果你是药店店员，应该如何让患者李某意识到慢性病的危害，从而重视慢性病管理？

____

____

____

____

2. 查阅任务准备，请针对任务信息中的患者李某，画出为其提供慢性病服务的流程。

____

____

____

____

3. 查阅任务准备，任务信息中的小明在接待该患者时，除了建立档案之外，还应该做些什么？如果你是该店的店员，你会如何为该患者提供药事服务？

____

____

____

____

任务检测

情景一：顾客肖某，女，60岁，头晕、心悸1小时来店。主诉于2年前坐摩托摔伤手部（软组织挫伤）后常出现头晕、心悸症状。常可自行缓解，血压不稳定，在120 ~ 180 mmHg / 70 ~ 110 mmHg波动。服用卡托普利、硝苯地平缓释片等也不理想。此次发病前肖某在家做饭，突然感觉头晕、心悸、出汗、耳鸣，自含服硝苯地平无效后来店，无恶心呕吐，二便正常，肖某2年以前就有头晕史，自诉无慢性支气管炎、糖尿病史。请根据肖某的情况，为其提供药事服务，并建立健康档案。

情景二：顾客王某，72岁，男，反复咳嗽20年，呼吸困难5年，加重2天。王某20年前无明确诱因出现咳嗽，咳白色黏痰，量5 ~ 10 mL / 日，无痰中带血、发热、盗汗，无胸痛、呼吸困难，无双下肢水肿。自服“头孢类”抗生素及止咳祛痰药品，症状可逐渐缓解，此后上述症状每于受凉、感冒后反复发作，秋冬季明显。5 年前逐渐出现活动后气短，曾接受肺功能检查，显示“阻塞性通气功能障碍”，呼吸困难逐渐加重。2 天前，王某受凉后再次出现咳嗽，咳黄白色黏痰，呼吸困难加重，稍活动即感气短，无胸痛及双下肢水肿，今日来药店咨询。请根据王某的情况，为其提供药事服务，并建立健康档案。

情景三：顾客张某，43 岁，男，发现血脂异常 1 年，医院给予口服他汀药品 5 月余，血脂仍控制不佳，加用阿昔莫司治疗，血脂控制仍然不理想。既往病史：糖尿病 3 年（长期服用阿卡波糖 50 mg，每日 3 次），无高血压史。张某来药店咨询为何坚持用药还是无法控制好血脂。请根据张某的情况为其提供药事服务，并建立健康档案。

从上述的三个情景中，学生随机抽取一个进行角色扮演，教师结合岗位能力要求对其进行技能测试。实践检测评价表如表 5-12 所示。

表 5-12　实践检测评价表

<table>
<tr><td rowspan="2">基本信息</td><td>班级</td><td>姓名</td><td colspan="4">学号</td></tr>
<tr><td>小组</td><td></td><td colspan="4">组长</td></tr>
<tr><td>序号</td><td>考核项目</td><td>评分标准</td><td>分值</td><td>自我评价</td><td>组内评价</td><td>教师评价</td></tr>
<tr><td>1</td><td>仪容仪表</td><td>凡出现 1 项不合格不得分（未穿着白大褂、染发、女生头发未盘起、浓妆艳抹、态度不端正、不认真对待、随便应付等）</td><td>10</td><td></td><td></td><td></td></tr>
<tr><td>2</td><td>团队合作</td><td>分工明确，有条不紊，有效沟通，没有矛盾，无争执</td><td>10</td><td></td><td></td><td></td></tr>
<tr><td>3</td><td>流程操作</td><td>服务流程熟练满分，凡漏掉一个流程扣 10 分</td><td>10</td><td></td><td></td><td></td></tr>
<tr><td rowspan="5">4</td><td rowspan="5">慢性病服务</td><td>询问患者，全面了解其个人基本信息</td><td>10</td><td></td><td></td><td></td></tr>
<tr><td>为患者进行指标检测时，操作规范</td><td>10</td><td></td><td></td><td></td></tr>
<tr><td>为患者建立档案时，信息填写规范、完整</td><td>10</td><td></td><td></td><td></td></tr>
<tr><td>做好随访工作，督促患者进行自我健康管理</td><td>10</td><td></td><td></td><td></td></tr>
<tr><td>从指标检测、用药追踪、生活干预三项进行健康指导，每项 5 分</td><td>15</td><td></td><td></td><td></td></tr>
<tr><td>5</td><td>患者评价</td><td>患者对整个服务流程满意度，一般 5 分，满意 8 分，十分满意 10 分</td><td>10</td><td></td><td></td><td></td></tr>
<tr><td colspan="3">总分</td><td>100</td><td></td><td></td><td></td></tr>
<tr><td colspan="3">综合评分（自我评价 20%，组内评价 20%，教师评价 60%）</td><td colspan="4"></td></tr>
</table>

项目小结

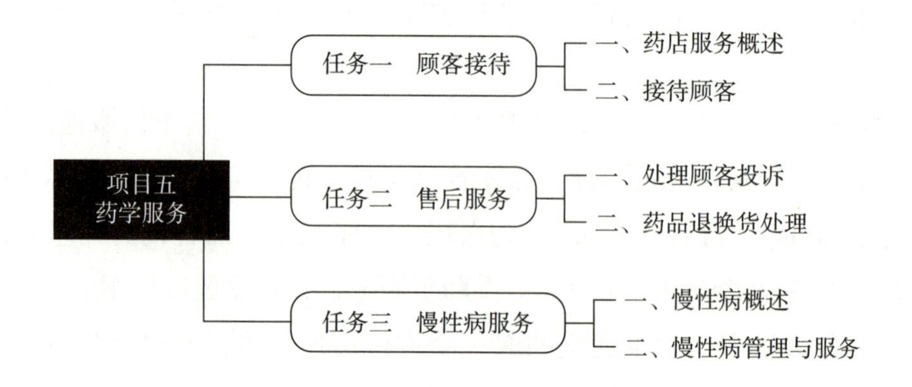

素养园地

（关键词：专业关怀）

张某某是一位经验丰富的药剂师，某天，高血压患者陈女士因经济困难希望购买低价降压药。张某某首先询问了她平时服用的降压药，然后告诉她有一款价格更低的降压药，但疗效可能不如原来的药品，而且建议她不能私自更换医生所开的降压药。然而，陈女士坚持要购买这款更便宜的降压药，张某某无奈之下卖给了她。过了一段时间，陈女士因高血压加重再次找到张某某，张某某建议她立即去医院检查并重新调整药品治疗方案。陈女士去医院后发现自己的血压已经严重失控，需要紧急治疗。医生告诉她之前服用的廉价降压药质量不佳，可能导致了她的病情加重。陈女士非常后悔，责怪自己贪图便宜，没有听从张某某的建议。

陈女士回到药店向张某某道歉，张某某深感责任重大，认识到作为药剂师要坚守道德底线，不为利益所动。他又向陈女士介绍了高血压的基本知识，包括病因、症状、危害以及预防措施。然后，针对陈女士的用药习惯，张某某为她详细讲解了降压药的正确使用方法、剂量和注意事项。此外，他还向陈女士普及了高血压患者应遵循的健康生活习惯，如低盐饮食、适量运动、戒烟限酒等。此后，张某某在工作中更加严谨，耐心解答顾客提出的问题，不为利益所驱使，并主动参与慢性病管理培训，提高自己的专业素养。

慢性病管理是一项专业且复杂的工作，不仅要有丰富的专业知识，而且要应对不同顾客的不同性格和习惯。在给慢性病患者提供专业用药指导的同时，也要注意引导患者养成良好的用药和生活习惯。对此，你有什么感想？

参考文献

[1] 俞春飞. 药店零售与服务技术 [M]. 北京：高等教育出版社，2015.

[2] 石少婷. 药店零售与服务技术 [M]. 北京：人民卫生出版社，2015.

[3] 苏兰宜. 药店零售技术 [M]. 北京：化学工业出版社，2019.

[4] 王桂梅，于勇 .药店零售技术 [M]. 北京：中国医药科技出版社，2020.

[5] 叶真，丛淑芹. 药品购销技术 [M]. 北京：化学工业出版社，2020.

[6] 张庆. 药学服务综合实训 [M]. 北京：中国医药科技出版社，2019.

[7] 谢子龙. 药店店员基础训练手册 [M]. 湖南：湖南科学技术出版社，2013.

[8] 刘辉. 常见疾病用药手册 [M]. 广东：广东科技出版社，2018.